「改革の灯を消すな市長の会」会員市一覧

北海道
1 網走市　大場　脩
2 石狩市　田岡克介
3 北見市　神田孝次
4 滝川市　田村　弘
5 深川市　河野順吉

東北
6 むつ市　杉山　肅
7 宮古市　熊坂義裕
8 秋田市　佐竹敬久
9 男鹿市　佐藤一誠
10 横手市　五十嵐忠悦
11 長井市　目黒栄樹

関東
12 三郷市　美田長彦
13 川口市　岡村幸四郎
14 久喜市　田中暄二
15 幸手市　町田英夫
16 志木市　長沼　明
17 蓮田市　樋口曉子
18 佐倉市　渡貫博孝
19 東金市　志賀直温
20 八街市　長谷川健一
21 稲城市　石川良一

信越・北陸
22 燕　市　高橋甚一
23 村上市　佐藤　順
24 小矢部市　大家啓一
25 滑川市　中屋一博
26 小浜市　村上利夫
27 飯山市　木内正勝
28 岡谷市　林　新一郎
29 長野市　鷲澤正一

東海
30 各務原市　森　真
31 磐田市　鈴木　望
32 一宮市　谷　一夫
33 犬山市　石田芳弘
34 津島市　三輪　優

近畿
35 綾部市　四方八洲男
36 京丹後市　中山　泰
37 向日市　久嶋　務
38 藤井寺市　井関和彦
39 小野市　蓬萊　務
40 稲美町　赤松達夫

中国
41 安来市　島田二郎
42 総社市　竹内洋二
43 下関市　江島　潔

四国
44 善通寺市　宮下　裕
45 高松市　増田昌三
46 伊予市　中村　佑
47 宇和島市　石橋寛久
48 八幡浜市　高橋英吾
49 南国市　浜田　純

九州
50 古賀市　中村隆象
51 宗像市　原田慎太郎
52 八女市　野田国義
53 多久市　横尾俊彦
54 臼杵市　後藤國利
55 日田市　大石昭忠
56 津久見市　吉本幸司
57 日置市　宮路高光

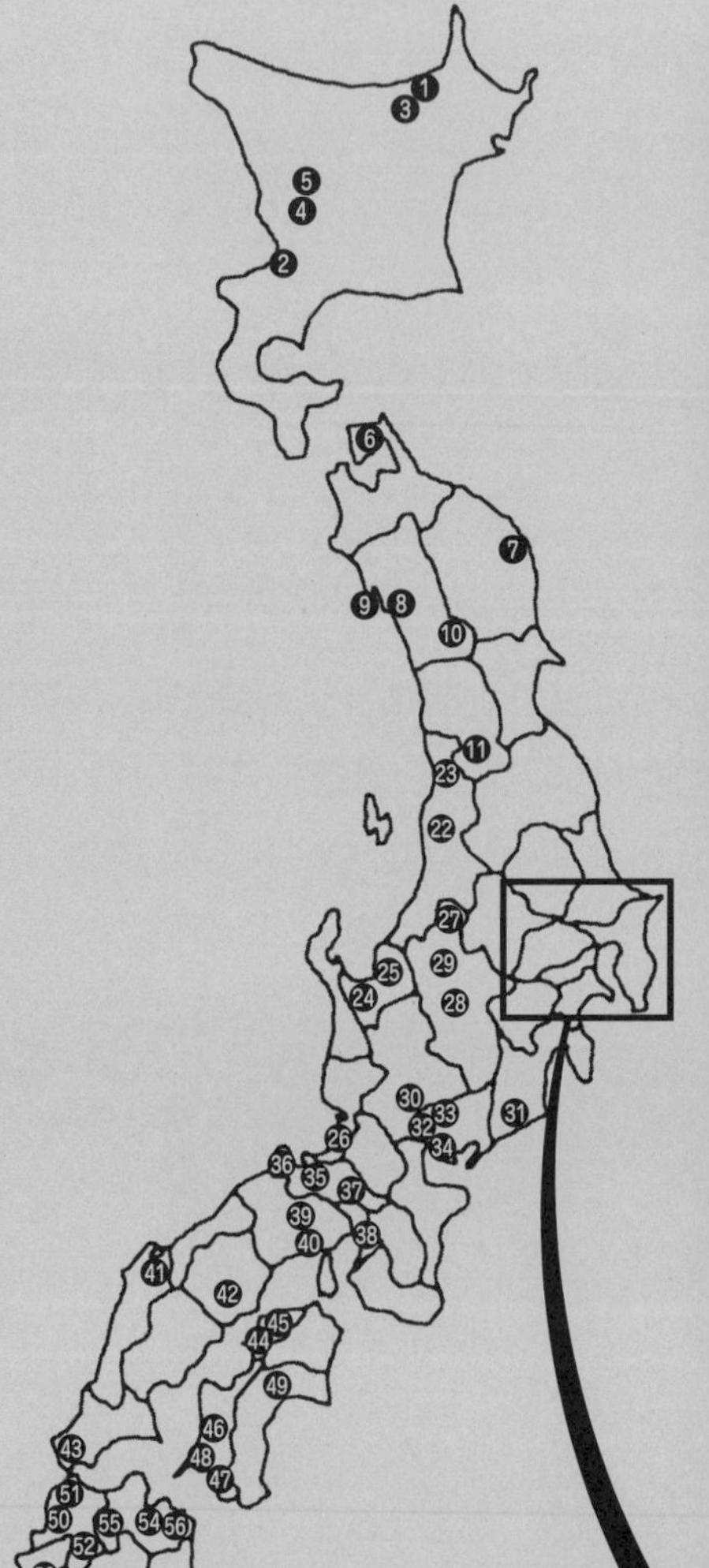

地域から日本を変える

改革の灯を消すな市長の会編

清水弘文堂書房

もくじ

推薦の言葉
地域から日本を変える　大阪大学大学院経済学研究科教授・経済財政諮問会議議員　本間正明　6

はじめに
「改革の灯を消すな市長の会」会長・大分県臼杵市長　後藤國利　9

第1部　改革の灯をかざす市長たち

市民との協働で「小さな市役所」へ　北海道石狩市長　田岡克介　12
人の輝くまちづくり　北海道滝川市長　田村　弘　16
行財政改革の取組みにあたって　市民とともに創る住みよいまち深川　北海道深川市長　河野順吉　20
市町村は自ら血を流す覚悟で　岩手県宮古市長　熊坂義裕　24
なまはげの心を全国に　住民生活優先の行政改革　秋田県男鹿市長　佐藤一誠　28
市民が主役の徹底した行財政改革　山形県長井市長　目黒栄樹　32
時代の変化を見据えて　埼玉県川口市長　岡村幸四郎　36

勇気をもって行財政改革を　埼玉県久喜市長　田中暄二　40
活力のある、持続的に自立した自治体を目指して　埼玉県蓮田市長　樋口曉子　44
改革の前進に向けて　千葉県佐倉市長　渡貫博孝　49
日本の政治に求められているのは統合力《インテグレーション》！　東京都稲城市長　石川良一　53
行政運営から行政経営へ　新潟県燕市長　高橋甚一　57
職員の意識改革を進め、市民から信頼される行政を作る　新潟県村上市長　佐藤　順　62
不断の努力を重ね行革断行を　富山県滑川市長　中屋一博　66
行政改革への取り組みに向けて　地方自治は市民の行政への参画から　福井県小浜市長　村上利夫　70
行財政改革に向けて　真に自立した都市を目指して　長野県飯山市長　木内正勝　74
市民総参加による特色のあるまちづくりをめざして　長野県岡谷市長　林　新一郎　78
私の確かな信念「民間活力の導入」　長野県長野市長　鷲澤正一　82
目指すは独立都市自治体　岐阜県各務原市長　森　真　87
「磐田モデル」の都市経営は地方分権から　静岡県磐田市長　鈴木　望　92
拝啓　小泉首相様　愛知県一宮市長　谷　一夫　96
求められる自治体の標準装備　愛知県犬山市長　石田芳弘　99

「行政経営」津島市の新たな改革　愛知県津島市長　三輪　優　105
改革のとき――地域にいて日本を想う　京都府綾部市長　四方八洲男　109
市民をど真ん中に　京都府京丹後市長　中山　泰　113
行財政改革に対する私の思い　職員の意識改革とともに自治意識の醸成も必要　大阪府藤井寺市長　井関和彦　118
しがらみをもたず、勇気をもって改革に挑戦　兵庫県稲美町長　赤松達夫　123
持続可能な自治体を目指す　岡山県総社市長　竹内洋二　127
目指すものは、あなたが誇れる新しい下関　山口県下関市長　江島　潔　131
地方行政・これから進むべき道　香川県善通寺市長　宮下　裕　135
行財政改革にかける思い　香川県高松市長　増田昌三　139
行財政改革にかける私の思い　愛媛県伊予市長　中村　佑　145
合併を経て　新たな宇和島市の実現に向かって　愛媛県宇和島市長　石橋寛久　148
地方分権と行財政改革　福岡県古賀市長　中村隆象　153
市民とともに進める行財政改革　福岡県宗像市長　原田慎太郎　156
自治体経営を常識に……日に日に新たに　佐賀県多久市長　横尾俊彦　160
「持続的な郷土づくり」が課題　大分県臼杵市長　後藤國利　164

推薦の言葉

大阪大学大学院経済学研究科教授・経済財政諮問会議議員

本間正明

小泉構造改革に呼応して、地方から火の手をあげられた「改革の灯を消すな市長の会」に私は注目していた。

その期待どおり、それぞれの市（町）で内容はさまざまだが、改革に向けた各首長さんの高い志とねばり強い実行力が実を結びつつある。

地方分権は、与えられるものではない。

ふるさとを愛する首長と議会、そして何よりも住民が三位一体となってつくり出すものである。そのためにも、より徹底した行財政改革と産業・教育の振興を進め、自立自助、真の地方分権を目指してほしい。地域から日本を変える主役は、そうした地方自治体の皆さんだ。

多くの皆様に、本書のご一読をぜひお願いしたい。

地域から日本を変える

本間正明

この講演要旨は2005（平成17）年11月26日稲美町制50周年の記念講演会における本間先生の講演を抜粋させていただいたものです。（文責は「改革の灯を消すな市長の会」事務局にあります）

明治維新から戦後にかけ、一貫して中央政府は地方に対し、カネと口を出してきた。その結果「おねだり行政」になり、地方の首長は東京へ行って自分たちの地域の貧しさを訴えて金を取るのが仕事になってしまった。個性のない自治体が増えてきた。

この間、バブルの発生と崩壊があり、民間では巨額の不良債権が発生し、国、地方においても大幅な税収減の中で、バランスシートの悪化、1000兆円という巨額の借金が残った。そのうえに年金、保険など約束された債務もある。まさに失われた10年だった。2001（平成13）年に登場した小泉内閣が「国家が全てやってくれるのは幻想だ。官から民へ」という意識改革を呼びかけたが、20年早かったらと思う。要するに民が主役の「心の通う」行政が、今こそ求められているのだ。NPO、ボランティアをはじめとする住民の役割が大きくなってきたのだ。

市町村の活力の源泉は何か。やっぱり首長の行動力、そして議会の機能だ。しかし議会は、概ね未だ「陳情の社会」だ。大阪市の現状は許しがたい背信だ。職員や議会がいまだに「行政は自分たちのためにあり」という感覚だ。どんどん情報公開して住民の信頼を取り戻すしかない。

町を興す戦略は何か。自らの町を誇ることをしなくなった。自嘲的に「うちの町には何もない」ということを話のタネにしている。そんな住民が町を興せるはずがない。どこに住んでも環境はほとんど変わらなくなった。そんな中で住民がいかにふるさとを愛するかが問われている。おねだり意識を脱却し、住民一人ひとりが何をするべきかの意識を持たねばならない。

いずれにしても首長の熱意、行政の意識、住民の役割、この3つが一体となって初めてデパート式ではなく一点豪華主義、個性ある町を興していけると思う。

これから、私たち大人が負債だけを残す身勝手な大人でないことを子供たちに示そうではないか。

はじめに

「改革の灯を消すな市長の会」会長・大分県臼杵市長　後藤國利

行財政改革はわが国にとって大きな課題であったにもかかわらず、本格的な進展を見ることなく先送りされてきました。この4年間、小泉総理大臣の下、画期的な展開が進んでいることを大変喜ばしく思います。

先の総選挙において、郵政改革をはじめとする改革への国民の大きな理解と支持を得る結果になりましたが、改革の道は決して平坦な歩みではありませんでした。今回の郵政改革騒動も茨の道を切り拓いたものですが、道路公団の民営化を決めたときも内閣支持率が極端に低下し、改革の進展が危ぶまれました。

「改革の灯を消すな市長の会」は、今から4年前の2002（平成14）年11月、小泉内閣の改革路線が存亡の危機に遭遇した時期に誕生しました。自治体改革を通じて、たまたま知り合い、意気投合した綾部市の四方市長の発案で、「ようやく進み始めた改革を頓挫させてはならない。小泉総理を励まそう」と全国の市長全員に参加を呼びかけました。

91名の市長から賛同をいただき、首相官邸に押しかけ、激励しました。

市長はそれぞれ一国一城の主であり、それぞれが自治体改革に命がけで取り組んでいます。総理の改革継続を応援したからといって、「小泉チルドレン」になるものではありません。会員は行財政改革をはじめとしてあらゆる場面で幅広く、現場で、改革を進めているものばかりです。政府の改革を待つまでもなく、それぞれの自治体で日夜、知恵を絞り工夫を凝らし、改革を実践しています。それらの自治体改革への取り組みをお互いに情報交換して、改革を加速させようという動きに進んできました。

ここに収録したのは、交流会議に集まった各市のさまざまな改革への具体的な行動実例です。この書が、自治体改革を願う皆さんに少しでも参考になれば大変幸いです。

私は呼びかけ人の一人であったため会長にさせられていますが、会員市長のそれぞれが、私が足元にも及ばない情熱的で激しい実践家の方ばかりです。また、会員以外の市長の中にも私たち以上に改革の大きな実績を残されている方が沢山おられます。また、市長だけの力で改革が進むものではなく、自治体職員の皆さんの勇気と協力をいただいて、はじめて、大きな成果に結びつくことは言うまでもありません。

今後とも、自治体関係者が力を合わせて、改革の灯を燈し続けていきたいと願っています。そして、改革を交流し共にする新しき会員の皆様のご参加をお待ちしております。

終わりになりましたが、今回の出版に際し、「推薦の言葉」をお寄せいただきました本間正明先生に感謝を捧げます。

第1部　改革の灯をかざす市長たち

□北海道　石狩市□

市民との協働で「小さな市役所」へ

石狩市長　田岡克介

本市の都市形成の特徴

1　昭和40年代に始まり、僅か30年間で人口が7倍となった。
　――急激なインフラ投資による公債費増。

2　同世代の移転は、同時に高い高齢化率となる。
　――社会保障費の急増。

3　全道他都市からの転入により、市民意識が希薄。
　――協働社会の形成に時間を要する。

4　石狩湾新港地域開発により、６００社の企業集積が進んでいる。
　――二次的発生としての産業創出の可能性を有する。
　――海外との経済交流の進展が予測される。

5　合併により、都市機能に加え、豊富な一次産品の生産地と観光資源を有することになった。

――観光と一次産業の連携による地域ブランド化。

本市における主な取り組み

政策リスクの回避と市民意識の変革を求め、２００１（平成13）年に「石狩市行政活動への市民参加の推進に関する条例」を制定し、市民があらゆる機会を通して意見提案が成し得る制度保障を行いました。その結果、従来の市役所の論理から徐々にではあるが、市民利用者の考えに近づける努力がなされ、政策順位の優先度も明確化しつつあります。

特に、地域、団体、ＮＰＯ等との「協働」は、ごみ減量化作戦をはじめとして、子育て、防犯、交通安全、

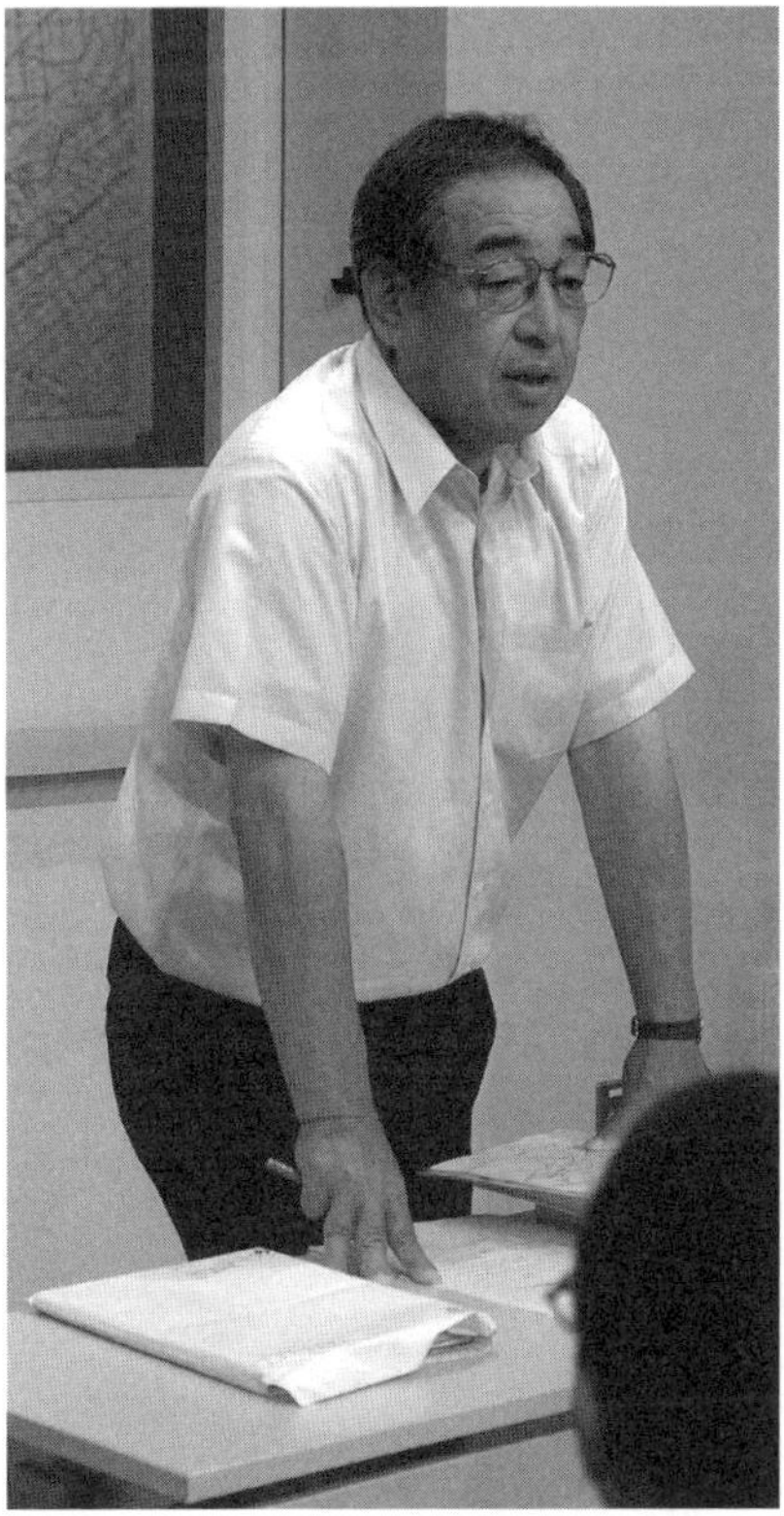

「次世代トークの広場」事前研修にて熱弁をふるう田岡市長

高齢者福祉等広範に展開されており、「政策決定」への参加と「市民活動」としての参加の両面で市民の存在・役割を明確にしていきました。

このようにまちづくりの基本認識と取り組みを進める柱を立てる一方で、いくつかの行財政改革も具体的に展開しています。

本市は、1996（平成8）年に市制を施行し、これまで各種公共施設の建設など社会資本整備を積極的に行ってきました。これにより公債費が増嵩する一方、地方交付税や市税収入が経済不況の影響から減少するなど、かつて経験したことがない財政危機に直面し、このままでは財政破綻に陥ることが想定される状況になりました。このため2002（平成14）年8月に、改革期間を2002（平成14）年度から2004（平成16）年度の3か年として、経常収支比率88パーセント未満を目標とする「石狩市財政構造改革方針」を策定し、聖域なき改革を強力に推進してまいりました。歳出面のうち、公債費については、低利への借り換えを図る一方、市債発行枠を年10億円に設定、人件費については、民間委託の推進と事務の効率化による人員削減及び給与制度全般の見直し、さらにはゴミ処理、消防、港湾などの一部事務組合に対する負担金、上下水道事業など特別会計等に対する繰出金、市が単独で行っている扶助費などの削減を図りました。また、歳入面においては、税金等の収納率の向上や使用料等の見直し、さらには広告料など新たな収入の確保にも努めました。

この取り組みにより、財政構造改革期間における最後の予算編成となりました2005（平成17）年度一般会計当初予算（257億8千万円）では、改革前の2002（平成14）年度予算と比較して、約14

億３千万の削減効果を挙げることができました。

しかしながら、これで財政運営が楽になったわけではなく、地方公共団体を取り巻く厳しい財政環境には変わりなく、三位一体改革や市町村合併に見られる国からの強い外圧により、これまで地方交付税に支えられてきた地方公共団体が効率的運営を迫られる中、本市においては近隣の２村と足掛け４年に及ぶ協議の末、２００５（平成17）年10月に合併を実現させました。

これにより面積は６倍になり、新たな資源を得たものの、全てがこれにより解決できる訳ではなく、むしろこれからが現下の厳しい状況を乗り切るための戦いが始まるものと考えています。

今後、より一層厳しさを増すことが予測される財政状況の中で、従来の行政システムを抜本的に見直し、地域と一体となってまちづくりを進めていくため、重要なパートナーである町内会やＮＰＯなどとの協働をさらに推進し、民間でできることは民間に任せる、ニューパブリックマネジメントの考え方を徹底的に推し進めるなど、「小さな市役所」の実現に向け、さらなる改革を議会と市民とともに進めてまいりたいと考えています。

北海道　石狩市

□市長プロフィール□

１９４５（昭和20）年10月11日生まれ。１９６８（昭和43）年３月国学院大学卒業。同年４月石狩町役場入職。１９９６（平成８）年３月同助役。１９９９（平成11）年６月石狩市長初当選。２００３（平成15）年５月同再選（２期目）。

□北海道　滝川市□

人の輝くまちづくり

滝川市長　田村　弘

滝川市は、1956（昭和31）年から8年間にわたって財政再建団体でした。主な原因は、学制改革による学校建設、荒廃した公共施設の復旧、市税の3分の1を占めていた大企業の倒産でした。再建団体の指定を受けるまでの財政は、まさに自転車操業でした。職員の給料遅配や分割払い、企業への支払いは10か月遅れが常態化して市役所には物を売るなといわれるなど、今では考えられないような状態でした。

従って、私は市長に立候補するにあたって、再びこの街を財政再建団体にしてはならないことを市民に強く訴えました。市長に就任後、直ちに着手したのは「内なる改革」です。まず、職員が痛みを分かち合い最善の努力することなしに、市民に協力を求めたとしても説得力がありません。行政改革の目的は、コストを削減して生み出した財源を住民サービスに振り向けることです。

不足する財源の半分は、人件費で生み出すのが私の方針のひとつです。給与の抑制と職員数の縮小方針を明らかにしました。現在、特別職の給与は、32パーセント～18パーセントの減額、部長職は8・4パーセント、課長職で8パーセント、全職員平均で5・6パーセントの削減です。職員数はピーク時に比

たきかわ市民ミュージカル『あいと地球と競売人』の出演者・スタッフとともに

べて3分の1を縮減することにしました。このために退職者の不補充、早期退職制、58歳での役職定年制を実施するとともに、係を無くしてグループ制に移行して、複数の仕事を複数の人員でこなすことにしました。グループ制のポイントであるミーティングの徹底、能力開発のための研修の見直し、勤務評定制度の見直しを進めました。中でも早期退職制度は、担当した優秀な職員が自ら身を引いたり、共に汗を流してきた仲間たちに決断を求めるもので心が痛みました。細かなことですが、事務所内の清掃は職員で行い、通勤途上に気の付いたゴミは拾って歩くことにしました。公用車は3割減、女性の視点で執務環境改善とケチケチ作戦も展開してきました。赤字の第3セクターにもメスを入れ、大きな累積赤字を持つ土地開発公社は10年後までに解散することにしました。本市の社会福祉施設の大半を委託し370人を越える職員を抱える社会福祉事業団改革にも取り組んでいます。

しかし、まだまだ市民が期待する姿には、道半ばであるように感じています。市民は、一切のムダを許してはくれません。市長にも職員にも持てる全力を職務に傾注する事を期待し、勤務が終わってもコミュニティでの貢献を望んでいます。何時も笑顔で明るく挨拶、仕事には全力で、自己啓発をシッカリやって、地域貢献も怠り無く。地方公務員は、最もリスクのある職業になったといわれますが、それだけに市民の期待も大きく、益々やりがいのある職業になってきています。今年発足した地域連絡員制度は、職員の自主的な活動により、市役所と地域との情報交換を進めるのが目的ですが、職員の16パーセントからの応募がありました。自主的に勉強会を開くグループ、市職員のボランティアグループの誕生、町内会活動を積極的に応援する若い職員も増えてきています。職員のモチベーションは確実に高まってきていることに、頼もしさを感じています。

「内なる改革」に次いで、「外なる改革」を進めてきました。第一に施設運営の見直しです。12か所の地区公民館等は地域の自主管理として、低減した管理費の一部を運営協議会の自主事業に使うことができるようにしました。体育・スポーツ施設の運営は、財団法人滝川市体育協会に委託し、スキー場は、お隣りの市の施設を利用させていただくことにして廃止しました。これらの自主運営をお願いした市民施設は、皆さんの工夫によって効率よく運営されています。第二に補助金改革です。各種団体に対する補助金は、50パーセント削減する目標を立てました。皆さんの理解を頂いて46パーセント削減まで協力していただきました。地方交付税に算入されている団体への補助金は1千万円程度に過ぎません。それが、2億3千万円も執行してきました。重要性があっての補助金ですが、使いまわしの批判を否定できないところも一部にはあります。人口4万6千人の滝川市で、1万人を越える署名運動がいくつか起きて、一部に継続協議になっている補助金もありますが、シッカリと説明責任を果たせばご理解いただけると思っています。第三に、ほとんどが減免か免除になっていた公共施設の貸館使用料の減免制度を廃止し、その代わりに使用時間を1時間単位にして使い勝手の良いようにしました。これで、正規の使用料を払ってきた正直者が馬鹿を見るということは無くなりました。手数料の改定、事務・事業の見直しにも力を入れてきました。低かった公営住宅使用料の収納率は、99パーセントになりました。市税の徴収率は最悪です。税源移譲が進むと益々大変になるだけに、悪質な滞納者には行政サービスの一部制限をするなど、あの手この手で収納率の向上に奔走しています。

しかし、こういった改革だけでは、縮小均衡型の行政に陥るだけです。滝川らしい個性的な街づくりの方針を明らかにすることが大切です。私の街づくりの大目標は、「人の輝くまちづくり」。スカイスポーツによる「空の波打ちぎわ」の街づくり、難病の子供たちに夢の常設キャンプの実現、アートとデザインを核とした街おこし、子供たちの顔がキラキラと輝く街、農業による国際貢献の街を目指して確かな情報発信力を持つ街にしたいと思います。

□市長プロフィール□

1946（昭和21）年北海道赤平市生まれ。北海道立滝川高等学校卒業。自治大学校第3部修了。1965（昭和40）年滝川市役所奉職。企画課長、商工観光課長、商工農政部長を歴任。2001（平成13）年助役。2003（平成15）年から滝川市長（現在1期目）。

□北海道　深川市□

行財政改革の取組みにあたって

――市民とともに創る　住みよいまち　深川

深川市長　河野順吉

深川市では、豊かな自然の恵みや交通の利便性などを生かしながら、米を中心とした農業を基幹産業に、計画的なまちづくりを進めてきました。

また、2000（平成12）年に地方分権一括法が施行され、地方の時代がスタートしたことから、自らが地域の特性を生かし、個性豊かなまちづくりを進めていくことが、より一層求められたことから「市民とともに創る　住みよいまち　深川」を都市像に、2002（平成14）年度から2011（平成23）年度までの10年間を期間とする「第四次深川市総合計画」を策定し、取り組んでいるところであります。

しかし、私が深川市長に就任させていただいた、1994（平成6）年10月以降、少子高齢化、国際化、情報化、環境問題など、わが国はもとより、深川市を取り巻く社会経済情勢は大きく変化し、新たな行政課題への取組みや市民ニーズの多様化など、行政運営にも大きな影響を及ぼしました。

市民グループ劇団のミュージカルに出演する河野市長（左）

特に、農業を含めた経済不況による税収の落込みや、国の三位一体改革によって、具体的には、それぞれピーク時と比較して、市税は、約4億5900万円の減少（平成9年度決算比）、地方交付税（普通交付税）は、約10億2００万円の減少［1999（平成11）年度決算比］となるなど、自主財源の脆弱な本市にあっては、極めて憂慮する状況にあります［参考　2005（平成17）年度一般会計の予算総額　157億5千万円、全会計の予算総額　342億4670万円］。

全国的には、経済が回復基調にあるとはいえ、北海道や本市においては、いまだ、それを実感するまでには至っていないのが率直なところであります。

このことから、2003（平成15）年8月市民委員7人で構成する「行財政改革市民懇談会」を設置し、ご意見などいただきながら、2004

（平成16）年1月「行財政改革大綱」を策定し、議会をはじめ市民の皆様のご理解とご協力をいただきながら、行財政改革に取り組んでいるところであります。

その体制としましては、2003（平成15）年4月私を本部長とする理事者・部長職等で組織します「行財政改革推進本部」及び全課長で組織します「行財政改革推進委員会」を設置し、全庁的に取り組んでいるところであり、市議会におきましても、2003（平成15）年9月「行財政改革調査特別委員会」の設置をいただき、市におきます検討段階から、調査などいただいているところであります。

さらに、行財政改革の取組みにあたりましては、幅広く市民の皆様のご意見などをいただく必要がありますことから、2004（平成16）年7月からは、「行財政改革大綱」の着実な具現化に向けて、団体・組織の代表や公募委員の合わせて10人による「行財政改革推進市民懇談会」を設置し、真摯な論議をもとに「意見書」の提出をいただいているところであります。

事務・事業の見直しにあたりましては、聖域を設けることなく、全ての事務・事業を対象に、共通認識のもと全庁あげて見直しを進めており、退職者不補充に伴う定員管理の適正化などによる人件費の削減はもとより、市民生活に直接関わります、敬老会開催補助金や金婚・長寿者祝福事業、温泉施設公衆浴場利用助成事業などの福祉事業についての見直しや各種団体に対する補助交付金の削減なども行っているところであります。

今後におきましても、地方自治体を取り巻く環境の大きな改善が見込まれないことから、国から求められています「集中改革プラン」の内容を含む、これからの行政運営の指針となる「（仮称）行政運営プラン」の策定に向け、現在、市民説明会を開催するなど、市民の皆様からのご意見などいただいているところであります。

また、市職員の定員管理の適正化を進めている現状にもありますことから、これからのまちづくりは、市民と行政が役割分担や協力関係を見直し、対等な立場で共に考え、協力しながら取組み、成果と責任を共有し合う「市民協働のまちづくり」が不可欠であります。

このことから、その促進のため、新たに係を設置し庁内体制を整備したところであり、市民の皆様はもとより、職員の意識改革や積極的な情報の提供に努めながら、「自助」「共助」「公助」の考え方に基づき、市民との協働をより一層推進していきたいと考えております。

□市長プロフィール□

１９３８（昭和13）年北海道雨龍郡音江村（現・深川市）生まれ。深川農業高等学校卒業後、農業に従事。１９６７（昭和42）年から深川市議会議員を7期。１９９４（平成６）年から深川市長（現在３期目）。

□岩手県　宮古市□

市町村は自ら血を流す覚悟で

宮古市長　熊坂義裕

私は、1997（平成9）年7月に内科開業医から市長に転じました。20年内科医をやり、この間5百例以上の死亡診断書を書きました。医師は自分が行った医療行為や結果（死も含めて）について患者さんや家族に納得のいく説明ができなければ、いくら頑張ったと主張しても厳しく責任を問われます。医師免許を与えられ医療に従事するというのは、まさに社会との契約であり、私たち医師は医学知識や医療技術の向上のため日夜努力を続けているという信頼関係の上に初めて仕事が成り立ちます。その意味で最も厳しい成果志向の職場と言えます。自分を選択してくれた患者さん（顧客）に医師として（プロとして）最高のサービスを提供する。医者をやっている時は、この気概の下に四六時中気の休まることの無い真剣勝負の日々を過ごしました。

こんな仕事中毒のような私が突然市長になって色々と注文をつけたので職員が面食らったことは言うまでもありません。当然ながら職員と軋轢が生じました。しかし、絶対に忘れてはならないのは市役所にとっての顧客は市民（正確には納税者）だという事です。そして職員は市民に雇われているのです。自

さけ稚魚放流会で、園児とともに

分達で出来ないからお金を出し合ってサービスをする人間（職員）を雇っているのです。加えて市民は市役所を選べません。新年度の辞令交付式で新入職員が「公務を民主的かつ能率的に運営すべき責務を深く自覚し、全体の奉仕者として、誠実かつ公正に職務を執行することを固く誓います」と宣誓しますが、時が経ち普段このことを忘れている職員が何と多いことでしょうか。

就任してすぐに「市政暖和（談話）室」「おばんです市役所です」「市長への手紙」の各制度を創設、1998（平成10）年度には監査委員に民間出身者を選任、職員採用試験の面接試験官に民間企業人を起用、1999（平成11）年度にはワンストップ総合窓口（自治大臣賞受賞）開設、貸借対照表（バランスシート）を作成し公開、2000（平成12）年度にはISO14001取得、職員採用試験の点数配分明示と不合格者の希望者に成績順位を開示、2001(平成13)年度には市営建設工事の条件付一般競争の導入、2002(平成14)年度には自治基本条例制定に関する市民懇談会を発足、市営建設工事の予定価格と最低制限価格を事前公表、市施設のNPO法人への管理委託、2003(平成15)年度には受注希望型郵便競争入札の施行、各課にNPO協働推進員配置、個別事務事業評価の結果を市ホームページに掲載、2004(平成16)年度には養護老人ホームを指定管理者制度の下に競争原理に基づき市社会福祉協議会に管理委託、2005(平成17)年度には「改革なくして合併無し」の理念の下に隣接する町村と新設合併、助役が収入役を兼掌することとしました。

一方で市民に対しても「受益と負担の原則」に従って理解を求め、1998(平成10)年度から市営住宅家賃滞納者に退去の強制執行を含む法的措置、税滞納者に差し押さえ等を行ってきました。私自身の報酬も2002(平成14)年度から10パーセント、2004(平成16)年度から20パーセントをカットしています。

このように私の倫理観、道徳観、職業観を話し、「公務とは何か」議論を重ねながら進めてきた宮古市の改革ですが、今は簡素で効率的な開かれた市役所の実現を掲げた宮古市構造改革実施計画に基づいて組織全体で粛粛と進められています。この間宮古市は、2002(平成14)年には人口10万人以下の全国429市の中で行政改革度第1位(日本経済新聞社調べ)、同じくホームページの情報公開度第3位(東洋経済新報社調べ)にランクされました。

宮古市の改革を振り返って検証するならば、今でこそ当たり前になった自治体経営の手法であるNPM(ニュー・パブリック・マネージメント)型、そしてPPP(パブリック・プライベート・パートナーシップ）型の行政経営を指向してきたといえます。NPM、PPPの骨子は、納税者が主役の顧客第一主義、結果重視の成果志向、サービスの質と量が同じなら安価な方に任せる市場競争原理、権限が移譲された現場中心主義の4点に集約されると考えていますが、まさに今後目指すべき自治体のあり方を示しています。

今、地方が最も関心を寄せている三位一体改革については、地方自治体自らが血を流す覚悟をすることが重要であり、これ以上は無理というところまで改革して初めて地方が説得力を持つと考えています。

終わりに、市長は大変やりがいのある仕事ですが、9年間やってきて思うことは「首長は賞味期限付きの消耗品である」という自覚が大切だということです。市町村合併でリセットされれば話は別ですが、選挙の時に約束した公約を実現していけばその存在価値は確実に下がっていくからです。賞味期限を常に自覚しながら悔いのない仕事をしたいと思います。

岩手県　宮古市

□市長プロフィール□

1952（昭和27）年福島市生まれ。1972（昭和47）年東北大学工学部中退、1978（昭和53）年弘前大学医学部卒業。弘前大学医学部助手（文部教官）を経て1985（昭和60）年岩手県立宮古病院内科科長、1987（昭和62）年市内で開業。1997（平成9）年宮古市長に就任し2期8年務める。2005（平成17）年7月、合併後の初代宮古市長となる。21世紀臨調コアメンバー。医学博士。主な著書「自治体経営革命」（メタモル出版）。

なまはげの心を全国に　住民生活優先の行政改革

男鹿市長　佐藤一誠

□秋田県　男鹿市□

本市は、秋田県臨海部のほぼ中央、日本海に突き出た男鹿半島の大部分を占め、面積240・8平方キロメートル、人口3万6千人の都市で、三方を海に囲まれ約100キロに及ぶ海岸線を有し、全国唯一、1市だけで男鹿国定公園に指定されている。

とくに、市の伝統行事を代表する「なまはげ」は全国的に知名度が高まってきており、豊かな自然美とともに観光資源として重要な役割を果たし、東北有数の観光地としての地位を確立している。

他方、行財政面においては、行政サービスを支える財政基盤の強化と地方分権時代に対応した独自のまちづくりをより広域的に推進するため、昨年、3月22日に隣町「若美町」と合併し新市「男鹿市」が誕生している。

目指す都市像を「自然・文化・食を大切にする観光交流都市」としており、両市町の共有の伝統行事である「なまはげ」をキーポイントとし、「なまはげの心を全国へ」を合い言葉にまちづくりに取り組んでいるところである。

市のさらなる発展をなまはげに誓う

しかし、新市を取り巻く社会経済情勢は、人口の減少に歯止めがかからず、それに並行して少子・高齢化が進行し、さらには雇用情勢が逼迫するなど、行政が抱える課題は山積し、これらへの対応が急務となっている。

また、財政面においては、国の三位一体改革による地方交付税とその不足額を補う臨時財政対策債の大幅な削減により大きく影響を受けているほか、少子・高齢化に伴う扶助費や各種特別会計への繰出金が増加傾向にあり、さらには2007(平成19)年開催の秋田わか杉国体開催に向けての施設整備等に伴い財政需要が増加し、財政調整基金の取崩しに依存する厳しい財政運営となっていることから、今後さらなる行政改革が必要であり、行政改革なくしては市の発展は望めない状況である。

このため、市では国の「地方公共団体における行政改革の推進のための新たな指針」に基づき、新市の行政改革の指針として、2009(平成21)年度までの5年間を推進期間とする男鹿市行政改革大綱を策定し、本年度中に公表する予定である。

合併直後の行政改革は、歴史や伝統、地理的条件、地域特性、そして考え方や価値観などさまざまな違いにより思うように進めることができない面も多々予想され、また、市民の行政改革への関心が高まり視線も厳しくなってきている。

このことから、まずは市民への情報の提供により行政と市民が共通の認識に立つことが大切であり、そして、市民と行政が良きパートナーとして尊重し合い、対等の関係で共同活動を行い、意見等を言える環境づくりが重要であると考えている。

大綱は、これらのことを基本としながら推進する考えであるが、これまで各般にわたり積極的に改革に取り組んできたところであり、正直なところ、さらなる改革は大変厳しい状況にあることから、今後、行政と市民がこれまで以上に大きな痛みをわかち合いながら進めなければならないのが実態である。

このようなことから、まずは市民の注目度の高い定員管理については、数年後の団塊の世代の退職を考慮しつつ適正化を図ることとしている。

また、定員を削減することによって行政サービスの低下が懸念されるところであり、これを回避するためには、限られた人員で多様化・高度化する市民ニーズや社会経済の変化に即応できる体制づくりが必要であることから、簡素で効率的な組織・機構の再編整備や職員の資質向上、潜在能力の引出しに向けた職員研修、人事交流等の充実に取り組むほか、事務事業や給与等の見直し、指定管理者制度の導入等についても大綱に盛り込んでいる。

策定にあたっては、大綱に市民の意見等を反映するため、市民の代表で組織する「行政改革推進委員会」を設置し審議していただいてきたが、委員の皆さんからは総じて「スピード感がない」との意見がだされている。

しかし、住民の痛みが伴うものであればあるほど住民の理解と協力が必要であり、市民生活優先の行政改革でなければならないものであり、多少遅いと言われるかもしれないが、住民との対話を重視し、十分な議論のもとで改革に取り組んでいく必要があると考えている。

いずれにしても、新市が誕生して日も浅く、行政改革は今年が初年度であり、今後5年間でどの程度の効果を上げられるか分からないが、厳しい財政運営を乗切るため、職員一丸となり市民や議会の理解を得ながら改革を着実に実行し、市民福祉の維持増進と目指す都市像の実現に取り組まなければならないものと日々痛感しているところである。

秋田県　男鹿市

□市長プロフィール□
1945（昭和20）年男鹿市生まれ。早稲田大学教育学部卒業。1987（昭和62）年から秋田県議会議員、1993（平成5）年から旧男鹿市長（3期）。2005（平成17）年から合併後の新男鹿市長。

□山形県　長井市□

市民が主役の徹底した行財政改革

長井市長　目黒栄樹

長井市は、山形県南西部に位置する人口3万1千人の田園都市で、四季のはっきりした山紫水明のまちです。7年前の市長選で、私は市政の転換、徹底した行政改革と財政再建を訴え、わずか142票差で3選を目指した現職に競り勝ちました。当時の長井市は、386億円を超える借金や、8年間で職員が約100人も増え、人件費も22億1700万から29億6000万円に増加するなど、予算編成も困難な状況にありました。そこで、私は財政を再建するために徹底した行政改革に取り組みました。

私が取り組んだ行政改革の主なものは、次の7つです。ひとつ目は、業務の民間委託です。具体的には、学校給食共同調理場の搬送業務、調理業務を民間に委託し、年間約2億円かかっていたものを、1億1000万円に、45パーセントカットしました。水道事業所の業務や斎場業務も可能な限り民間に委託し、保育士についても、新規採用については、社会福祉協議会で採用し、そこから派遣していただくというかたちをとり、数年かけてすべて同協議会に委託します。今後も、図書館、窓口業務、福祉関係、さらに公民館や旧郡役所等の施設の管理と運営の委託を検討しております。2つ目は、借金の借換えで

ちびっこ警察官から交通安全メッセージを受け取る目黒市長

す。公債費負担適正化計画を立て、高金利の借金を、現在の低金利に借り換えました。また、できるだけ繰上償還し、借金を減らしました。

３つ目は、土地開発公社の借金削減です。経営健全化対策を立て、国や県の承認を受け、当時約28億４０００万あった土地開発公社の借金をほぼ完済しました。４つ目は、ＩＳＯ１４００１の取得です。ＰＤＣＡを徹底しながら、仕事を見直し、スクラップ＆ビルドに取り組み、加えて年２回の外部の監査により、仕事の内容を、環境にやさしく、簡素に、そして時代にあった内容にするように取り組んでおります。５つ目には、部長制の廃止です。課や係の統廃合による組織のスリム化に努め、課長以上の管理職を30パーセント削減しました。６つ目は、以上の業務の見直しによる定員の削減です。３年間は新規採用をストップし、以降は退職者の約３分の1を目途に採用しており、現業職員は、できるだけ民間に移行するために新規採用をストップしました。400人いた職員は、現在337人、6年間で63人減、15・7パーセントスリム化しました。さらに7つ目は、賃金カットです。5年間は、市長12パーセント、三役平均10パーセント、議員の皆さんは4・2パーセント、非常勤の委員も5~7パーセント、職員も全員4パーセントカットしました。年功的に昇給する「ワタリ」も全国でトップをきって廃止しました。以上の結果、29億6千万円の人件費を、24億7700万円、4億8300万円削減、16パーセントカットしました。

先に述べたものは、市役所内部の行政改革ですが、市民の皆さんにも協力をお願いしました。行財政改革期間中は、新規事業、継続事業ともに我慢をしていただきました。ただ、国や県の支援は受け、具体的には、金と仕事を市にもってくるために、トップセールスマンとして全力を挙げました。継続が危ぶまれた長井ダムも順調に予算がつくようになり、2010(平成22)年完成を目指し順調に進んでおります。また、長井工業高校は校舎を全面的に改装するだけではなく、市の特性に根ざした、しかも女子学生に広く門を開ける学科を新設していただきました。長年の懸案であった北工業団地にスムーズに入れるための「あかしあ橋」が最後の県単独事業として完成し、現在は市役所と国の天然記念物の久保桜がある伊佐沢地区を結ぶ「さくら大橋」が、2007(平成19)年完成予定です。公立置賜総合病院を中心とした国道287号バイパス、さらには森バイパスなど、地元の発展に欠かせない公共事業を、国・県・市が一体となり、推進して参りました。トップセールスマンとして長井市経済の沈滞を防ぐという施策を進めてきたことも、市民の協力が得られた大きな要因だったと思います。

私自身欠点も多い人間ですが、改革の要ていとして、明治の元勲、大久保 利通に学びました。ひとつは「難事は自ら行う」ということです。難しいことは他人任せにせず、自らが率先して行動しなければなりません。2つ目は「大事は細部まで指揮する」ということです。このことは大事だと思えば、細かいところまで口を出す。そして検証していく。しかし、一般的な業務は、助役以下各課長に任せています。3つ目は「結果の責任は取る」ということです。予定通り行けばそれは皆さんのおかげ、うまく行かなかったのはリーダーの責任、と割り切り、熟慮をし、決断したことはぶれない、原則を守る、という大久保 利通の行動原則を学び、実践してきました。

時代はまさに大転換期です。時代の風を的確に読み、改革すべきところは、改革をする。地方でできることは、地方でする、民間でできることは、民間にしていただく。この原則を実践しない限り、国も地方自治体も生き延びることはできません。市民が主役、それは民間が主役で、行政は支援をし、サポートをし、コーディネイト機能、事務局機能を果たしていく。この原則にたって、今後も徹底した行財政改革を進めていきたいと思います。

山形県　長井市

□市長プロフィール□

1946（昭和21）年山形県長井市生まれ。山形大学文理学部卒業。日本ビクター株式会社入社。その後、衆議院議員第一秘書などを経て、1998（平成10）年12月から長井市長。趣味は、将棋、カラオケ、読書。

時代の変化を見据えて

□埼玉県　川口市□

川口市長　岡村幸四郎

第44回衆議院総選挙では、自民党が圧倒的な勝利を収め、2005（平成17）年9月26日の衆参両院の所信表明演説で、小泉首相は「改革を止めてはいけない」と構造改革の総仕上げに取り組む考えを強調しました。なぜ改革をするのか、なぜしなければいけないのか。かのダーウィンは「最も強い者が生き残るのではなく、最も賢いものが生き延びるわけでもない。唯一、生き残るのは変化できるものである」と言っています。

戦後60年。この戦後の復興、繁栄を支えてきた政治・経済・社会保障・教育等々、総じて戦後体制なるものが時代の変化に適応できず、文字どおり制度疲労を起こし、この状況からいち早く脱却して時代の変化に対応した、或は先んじた新しい制度、仕組みをいかに創っていくかが、今正に問われているからです。

つまり、この時代の変化に自らが変化しなければ生き残れないからです。次代に引き継げる持続可能な自治体、持続可能な社会・国家にしていかなければならない責務を私たちは負っているのだと肝に銘じなければなりません。従って、誰が総理になろうと、これは取り組まねばならないことなのです。

市政は、もちろん市民＝顧客のために行うものです。しかし、その担い手はやはり市の職員です。こ

市立グリーンセンターに「夢ふうせん」がオープン　ミニＳＬを楽しむ岡村市長

の職員の意識が変わらなければ、顧客の満足度の向上など望むべくもありません。

私は、市長に就任した１９９７（平成９）年から一貫して職員の意識改革に取り組んできました。「親方日の丸」「官尊民卑」「前例踏襲」、まずはこれを変えていかねばならない。

初登庁の時、職員に向けた訓示でこんな話をしました。役所の職員は、「できない理由を述べるのが得意」という体質がある。市民が要望や相談ごとで窓口にみえられた時に、「こういう法律や条例があるからできません」と市民を納得させ帰らせるのが優秀な職員であると思っている節はないか。そうではなく、市民の立場に立って、「どうしたらできるか、市民の要望や欲求を満たすためには、どうしたらいいか」をまず考えろと。

役所の側に立っているからできない理由を探すのであって、市民の側に立てば「10は実現できなくても6や7ならできるかもしれない」、「こういう別のやり方があるかもしれない」、という発想が出てくるのです。突き詰めていけば、法律をどう変えればできるようになるのかということに考えが及び、特区構想のようにボトムアップで地方から国を変えることにつながっていく筈です。

もうひとつはサンセット方式、昇った日は必ず沈むという考え方の導入です。どんなにいい考えや制度・法律であってもいずれ必ず役目を終える時がくるものです。その期限は、10年かもしれない、或いは5年でくるかもしれません。極端なことを言えば、1日ということもあるかもしれません。また、短いからといって、その考えや制度・法律が優れていないとも言えません。それが有効に適用される期限を見極めるのも職員の大事な仕事のひとつです。つまり、時代の変化に敏感たれということです。こうした問題意識を常に持った職員でなければならないということを強調しました。

一方、自分が市長として自分の選挙を有利に戦おうと考えていては、思い切った市政運営はできないとつくづく感じています。例えば2004(平成16)年度は埼玉県で国体が開催されました。私が就任した1997(平成9)年、前市長から引き継いだ国体の予算は250億円でした。前市長の後継と自他ともに認められていた私が当選した訳ですが、就任して3か月後には、国体の予算200億円をばっさり切って50億円とし、既存の施設を活かして乗り切ることにしたのです。

もし、前市長のしがらみで遠慮していたら、このような予算削減はできませんでした。多くの体育関係者も国体を機に新しい施設ができると期待していたものですから、それを大きく方向転換させた私は、ある意味で裏切り者呼ばわりもされました。しかし、市の財政や将来を考えれば断固とした決断が必要でした。

結果的には、大成功で体育関係者からも大変喜ばれ、ハッピーエンドで終わることができました。ただ、そこには1万4000人以上の市民ボランティアの存在があったのです。私の掲げる5つの政策目標のひとつに「人づくり」という項目があり、その中で「日本一のボランティアのまち」の実現を目指していますが、正に大きな前進であったと感じています。

私たち行政の最大かつ最も基本的な責務は、市民の皆さんからお預かりした貴重な税金を無駄なく有効に活用して福祉、教育、文化、環境をはじめとするさまざまな事業や市民サービスを通じていかに市民の皆さんに還元するかということです。

そのためには言うまでもなく、まずは市民の声をよく聞くこと、そして市民の皆さんと共に行動することです。正に市民参加を更に進めて市民との協働を推し進めていくことが、市民=顧客の満足度向上につながっていくものと確信しています。

市民の皆さんの知恵と熱いエネルギーを活かし、不断に行財政改革に取り組み、市民の皆さん誰もが住んでよかった、そして、これからも住み続けたいと思えるまちを築いていきたいと思っています。

埼玉県　川口市

□市長プロフィール□

1953（昭和28）年埼玉県川口市生まれ。早稲田大学法学部卒業。1977（昭和52）年川口市役所に奉職。1987（昭和62）年川口市議会議員。1991（平成3）年埼玉県議会議員を2期。1997（平成9）年から川口市長（現在3期目）。

□埼玉県　久喜市□

勇気をもって行財政改革を

久喜市長　田中暄二

本市の財政状況は、市税収入の低迷や国の「三位一体の改革」に伴う地方交付税の減額などにより歳入が伸び悩むとともに、歳出面においては、少子高齢化の到来に伴い民生費など福祉関係経費が年々増加しています。また、道路や学校等の整備の際に発行した地方債の償還費など、義務的経費の増加により、多額の財源不足が生じています。

このような状況の中でも、市民サービスが1日たりとも停滞することのないよう、「久喜市行政改革大綱」に基づき、限られた財源を最大限活用するため、事務事業の見直しやコストの縮減に努めましたが、これまでの行政改革を引き続き実行していくだけでは、この危機を克服することはできない状況にあります。

そのため、地方分権時代にふさわしい簡素で効率的な行政システムを確立するため、徹底した行財政改革を一層推進するとともに、歳出の徹底した見直しによる選択と集中を進め、また歳入面でも市税など自主財源について積極的な確保策を講じるなど、効率的で持続可能な財政への転換を図ることが緊急の課題であると考えています。

埼玉県　久喜市

市政の最大の使命は、市民に可能な限りのサービスを提供し市民福祉の向上を図ることにありますが、そのためには安定した行財政基盤の構築が不可欠であります。私の選挙公約である「政策実行計画」の実施と徹底した行財政改革の実施により、これら2つを車の両輪に「選択と集中」を基本的な考え方とし、本市のさらなる発展のために、全力を尽くしているところであります。

行財政基盤の強化については、本年春から、久喜市行財政改革戦略本部を設置し、私を先頭に職員一丸となって行財政改革に取り組んでおり、徹底的な事務事業の見直しや、受益者負担を原則とした収入確保対策などの検討を行っているところであります。また、2006（平成18）年度からを計画期間とする第4次久喜市行政改革大綱及び行政改革実施計画の策定にも取り組みながら、今後とも久喜市を将来にわたって安定的に発展させるため、行財政改革に勇気をもって取り組んでいます。

さらに、土地利用の推進についてですが、本市は、都心まで50キロ圏内に位置し、JR宇都宮線と東武伊勢崎線との交差駅があり、交通の便が良いことから、首都圏のベッドタウンとして農地から住宅地への土地利用の転換が図られてきました。

また、東北縦貫自動車道の久喜インターチェンジがあることや、県道さいたま・栗橋線等の交通体系の利便性から、工業・流通業務用地への土地利用の転換が急速に進められました。

さらには、2010(平成22)年度の開通に向け整備が進められている首都圏中央連絡自動車道の(仮称)久喜白岡ジャンクションが東北縦貫自動車道との交差部に設置されることとなっており、本市の利便性はますます高まるものと考えられることから、好立地性を生かした都市的土地利用が一層増大することが予想されています。

市税収入の面においては、本市には久喜・菖蒲工業団地や清久工業団地の2つの工業団地があり貴重な歳入源となっておりますが、今後、土地利用の見直しを図る中で、この交通の利便性を最大限に活用した、物流基地、工業団地等の産業系への土地利用を図り、税収や雇用の確保を図りたいと考えております。

現在の本市を取り巻く諸情勢は、ひとときたりとも息を抜くことができないほど極めて厳しい状況にありますが、たとえ難題に直面したとしても決して臆することなく、市民福祉の向上のために勇気をもって立ち向かい、ひとつひとつ着実に解決していくことにより、必ずや明るい展望が見えるてくるものと確信しております。

また、地方分権の時代に、住民に最も身近な自治体だからこそできる施策を展開し「子や孫に誇れるまちづくり」を目指して、これからも市民のみなさまに、久喜市に住んでよかった、いつまでも久喜市に住みつづけたいと思っていただけるまちづくりのために、市民の皆様や議会と手を携え、夢を語り合いながら、また、知恵を出し合いながら全身全霊を傾注して取り組んでまいりたいと考えております。

□市長プロフィール□

1945（昭和20）年埼玉県久喜市生まれ。早稲田大学第一商学部卒業。三菱石油㈱入社。1973（昭和48）年から家業を継ぐかたわら、久喜青年会議所理事長、久喜市議会議員を1期。1991（平成3）年から埼玉県議会議員を2期。1997（平成9）年から久喜市長（現在3期目）。

□埼玉県　蓮田市□

活力のある、持続的に自立した自治体を目指して

蓮田市長　樋口曉子

1　基本理念は新しい公共空間の形成

2005（平成17）年度末の国及び地方の長期債務残高は、774兆円程度に上ると見込まれています。地方自治体は、これまでのような「国が面倒をみてくれる」ことを前提にした財政運営は困難になっています。厳しい財政・限られた財源の下では、政策決定に当たっては、「あれも、これも」ではなく、「あれか」「これか」という優先順位の選択を迫られることになります。多様な住民ニーズに、どのような優先順位をつけるかが問われるわけです。

2005（平成17）年3月に総務省から示された「地方公共団体における行政改革の推進のための新たな指針（新地方行革指針）」では、「これからの地方公共団体は、地域のさまざまな力を結集し、『新しい公共空間』を形成するための戦略本部となり、行政自らが担う役割を重点化していくことが求められる」としています。

自治体は、これまで以上に、民主・公平・効率・透明という原則に従って住民の信頼と納得を得ら

コスモスまつり（駒崎地区）で上田埼玉県知事を案内する樋口市長

れる行政をしっかりと展開しなければなりません。その上で、公共サービスを担うのは行政のみではなく、地域の住民、住民組織やNPO、民間企業など、多様な主体が自治体と協働して「新しい公共空間」を形成していくことになります。

つまり、純粋に「行政」が担う役割は、戦略的な地域経営のための企画立案や条例制定など、行政でなければ対応することができない、核となる部分であるということです。

行政は、地域経営の戦略本部としての機能を十分に発揮するため、効率的な体制を構築することが求められているのです。

2　NPO支援と市民が主役の市役所運動

蓮田市では、2000（平成12）年4月から、NPOやさまざまな市民活動を支援する担当を新たに設置して、市民協働の行政を構築する準備に乗り出しました。これにより、環境問題に長年取り組んできた団体がNPO法人となったほか、市で主催したNPO活動をサポートするための勉強会などの活動の中から、NPO活動をサポートするためのNPOも誕生しました。

環境、福祉、教育、生涯学習など、市民の中から生まれたNPOはこれまでに4団体ありますが、今後も、今まで市だけで行ってきた公共サービスを分担し、ともに荷物を背負っていただける人たちをたくさん育てていきたいと考えています。

また、市職員が自ら積極的に行財政改革を推進するため、2003（平成15）年度から設置した改革推進室を中心に、現在、「市民が主役の市役所運動」を進めています。これは、各部、各課ごとに事務事業の見直し検討を行い、目標を数値化して掲げて、年間を通じて取り組む運動です。具体的な経費の削減やサービス向上のほか、職員の意識改革などを目的としています。この運動の成果として、2004（平成16）年度には約1億4407万5000円の経費削減効果を得ました。

情報公開や市民との協働、民間活力の導入、市職員の削減など、今後も積極的に取り組んでいきたいと思っています。

3 活力のある、持続的に自立した自治体

もちろん、自治体経営においては、歳出削減を図る一方で、魅力的なまちづくりを進めるために、都市再生と戦略的な都市経営を行うことが必須です。人口の増加や、企業や店舗の進出を図り、また、地

場産業との連携や育成によって相乗効果を生み出し、魅力ある都市空間をつくっていかなければなりません。そうすることで、さらなる税収の伸びを期待することもできます。

蓮田市は、多くの潜在的な活性化の可能性を秘めています。例えば、ＪＲ蓮田駅周辺の再開発事業や主要幹線道路の早期開通は大きな課題となっていますが、南北に細長い蓮田市を縦貫する大動脈、国道122号バイパスが、いよいよ２００６（平成18）年に開通すれば、沿道の土地利用により、都市としてのポテンシャルが高まることが期待できます。

また、市役所に隣接する「黒浜貝塚」は、縄文時代前期の貝塚として、学術的に全国的に評価されています。これを、国の指定史跡にしていただくための取り組みを、現在進めていますが、ふるさととの歴史と文化を次世代に継承し、蓮田の魅力を高める要素になると考えています。

このほか、未利用バイオマスの利活用の検討など環境にやさしい地域づくり、子育て支援の推進、小・中学校連携教育の推進への挑戦、介護予防の推進を図り、「５つ星の市役所」となるよう窓口改革を行っていきます。

蓮田市にある、多くの潜在的な活性化の可能性を引き出し、水と緑を大切にしながら、市民と行政の協働により、健康な人々がいっぱいの、誇りの持てる、すてきなまちを目指していきたいと考えています。

市政運営がこのような歴史的な過渡期に立たされている今、「クリーンな政治を継続し、活力ある持続的に自立した自治体」を実現するという責務を、ひしひしと感じています。市民の皆様との一層の協働を進めながら、今後も意欲をもって取り組んでいきたいと考えています。

□市長プロフィール□

1944（昭和19）年埼玉県蓮田市生まれ。埼玉県立浦和第一女子高等学校卒業。P&Iトレーディング社長、蓮田市都市計画審議会委員を経て、「クリーンな政治の継続」、「生活者の視点」を生かした「市民が主役」のまちづくりを掲げ、1998（平成10）年から蓮田市長（現在2期目）。

□千葉県　佐倉市□

改革の前進に向けて

佐倉市長　渡貫博孝

市長室で

「三位一体改革」の動向は依然として不透明である。２００５（平成17）年10月26日、中央教育審議会は義務教育費国庫負担を維持する答申を決定した。この答申の肯定意見をメディアで論ずる者もある。しかし、改革は進めなければならない。三位一体改革の壇上で地方は激しい議論をしてきた。義務教育という地方にとっての最重要課題についてが、その最たるものであった。教育については、地域の創意工夫を発揮できる制度が必要である。地域の個性を生かした取組みや弾力的な学級編制などは、自主的・自立的な教育の実施体制により可能である。義務教育費国庫負担金の一般財源化がもたらし得る効果を、そして地方が自らの責任と意志で自治運営を行おうとする熱意を削いでしまってはならない。地方の意見に沿った結果となるべきである。

真の「三位一体改革」を実現するためには、地方の自主、自立につながる確実な税源の移譲が不可欠である。「三位一体改革」は、使いみちを限定して地方の自由を縛る国庫補助金等を減らし、地方が自由に使える地方税を増やすこととあわせ、地方交付税制度のあり方を見直すことが柱となっているが、細部については、先が読めない。地方財源の充実に向けて、現在の「三位一体改革」の進捗のなか、地方へ税源移譲が確実になされるよう、地方6団体が国に対し要望を行ってきており、佐倉市議会においても、地方6団体改革案の早期実現に関する意見書を2005（平成17）年6月、国に対して提出した。しかし、国庫補助金廃止に伴う地方への財源移譲と地方交付税の削減というメカニズムが国民にはいったいどれだけ、知らされて理解されているのか。われわれが要望している、「税源移譲と地方交付税の財源保障・財源調整が確実に実施されているかどうか、内容・金額等をチェックできる仕組みの構築」が最重要と考える。

本市の財政状況については、広報紙で特集を組み、その現状について住民にお知らせしているが、今後もホームページ等を通じ、情報の提供に努めていくことになる。一方、わが国で「小さな政府」を実現しようとするためには、例えば人口10万人のモデル自治体では、最低限必要とされるサービスは金額でどれだけなのか、そしてその基準財政需要額はいくらなのか、政府は明確にそれを示し、国民に対しては公表しなければならないと考える。

改革に身を削る覚悟のわれわれ自治体としては、組織体としての自己変革を行い、その姿勢を貫き続けていくことである。刻々と地方自治体の財政は逼迫の度を増し、自治体として自立した財政運営を維持していくためには、さらに抜本的な行財政運営の推進が必要である。財政の健全化なくしては新たな展望は開けないとの認識の下、固い決意で行財政改革に取り組むしかない。国も地方も、なお一層、強力な行財政改革を推進していかなければならないのである。

事務事業の整理合理化、民間活力の活用推進、行政組織等の見直し、職員定数の適正管理、給与関係の見直し等の、内部努力を確実に実施していくことは、もはや当然の事柄である。事務、事業の精選においては「たるみ」が無いかチェックを行い、加えて、足と汗で稼ぐ行政へと転換しなければならない。指定管理者制度や市民協働型自治運営のあり方といった、新たな行政運営への対応も急務である。

こうした組織経営が必要であると同時に、自治体は、住民の願いを集約し、住民の生活が現状より少しでも良くなるように施策を立案し、実施するサービス業であることを忘れてはならない。税を効率よく集め、住民のため効果的に還元する仕組みをつくりあげ、実行することである。行政の過程においては透明性、公平性、公正性の確保が求められる。そして、それを実施するのが自治体職員である。幹部職員に必要な力量は、政策立案能力、対外折衝能力等ではあるが、それにも増して部下を育てる力量を最重視している。雇い主である住民のために全力をあげて取り組む職員、起案・決裁の過程が正確で迅速な組織の形成者、新たな政策立案や事務改善に積極的な職員、働き甲斐を実感できる人材を育てることが、改革には必要不可欠である。

財政が危機的状況を迎え、改革機運が到来した今こそ好機である。痛みは伴うが、予算の厳しい時こそ、知恵を生かした施策を展開できる時である。このチャンスをまちづくりに生かし、改革を前進させていきたい。

□市長プロフィール□

1933(昭和8)年生まれ。千葉大学教育学部卒業後、佐倉市立佐倉中学校教諭。佐倉市教育委員会、千葉県教育委員会勤務、佐倉市立小中学校長を歴任。1988(昭和63)年から1995(平成7)年まで佐倉市教育委員会教育長。1995(平成7)年から佐倉市長(現在3期目)。

□東京都　稲城市□

日本の政治に求められているのは統合力《インテグレーション》！

稲城市長　石川良一

財政改革なくして明日はなし

我が国の借金残高は、２００６（平成18）年度末で５４２兆円に上り、一般会計の税収の12年分に相当し、破綻寸前です。借金漬けの財政体質からの改革なくして我が国の将来はありえません。しかし三位一体の改革等で、各省庁の官僚と接すれば接するほど「省益あって国益なし」という話しが現実であることを実感します。小泉総理には、省益の壁を突き破って、改革を実現することが求められています。小泉総理の果たすべき構造改革とは、政治の統合（インテグレーション）機能を確立することに他なりません。一方地方は、明治以来続いた中央集権体制の束縛と甘えから脱却し、より効率的で自立的な自治体を創り上げることにあります。地方は大統領制をとっており、首長は統合力を発揮して地方分権時代を自ら切り拓いていかねばなりません。

稲城市で取り組んだ改革の実例

１　選挙を変えること……私が実践してきた改革の第１は、選挙を変えることです。まず選挙や政治

災害時対応型の市長公用車（衛星電話等防災装具を搭載）

活動にお金をかけないことです。今までの私の選挙では300万円から400万円程度しかかけていません。企業からの献金を受けないことは、企業団体献金禁止の法ができる以前の1991（平成3）年の選挙から実践してきました。資産公開も家族分や普通預金も含め審査会を設置し徹底してきました。また4回の市長選挙で、2回は政党の推薦も控えました。当選後なるべくフリーハンドで市長職に臨めるようにと考えたからです。

2 総合計画に財政計画を明記する……本市も10か年の総合計画を策定し、3年毎の実施計画をつくりローリングさせています。その際10年間の収入と支出の予測を算出します。また景気動向等は完全には読み込めないので、財政計画は5年ごとに見直します。このことで財政秩序は明確化され、財政的裏づけが無い公約や計画は排除されます。

3 予算は積算基準でなく時価主義で……デフレの時代は、1年を通じて物価は下がっていきます。本市では、建設事業などの際は、国等の補助金がある場合は、補助の基本となる積算単価に基づいて予算を計上しますが、その他は入札実績に基づいて予算を計上しています。また不用額は、最大限出すことを奨励しています。決算審議で議会からたたかれますが、予算を使い切る悪弊から脱却するには、議員の意識改革も必要です。

４人件費と人事制度改革は最大の課題……公共事業に対する風当たりは、厳しいものがあります。しかし現実は、国も自治体も支出のうちで最大のものは職員人件費です。本市でも市税収入の４割以上が人件費で消えています。また公務員の世界は、いまだ努力したものが報われる人事制度になっていません。本市では、１９９４（平成６）年に職員を対象とした人事考課制度をスタートさせ、２０００（平成12）年には全職員を対象に期末勤勉手当を人事考課に基づいて傾斜配分しており、病院の医師や看護師も例外ではありません。考課導入後、病院のサービスもあがったという評価も頂いています。また本人への情報開示も行っています。目標管理や提案制度も行っており、業績表彰も実施しています。非常勤職員も人事考課によって昇給するシステムを導入しています。また定年後の再任用や再雇用も、人事考課に基づいており、自動継続はさせません。

５事業手法も官から民へ……本市では、新たに中央図書館（４千６００平方メートル）を建設しており、ＰＦＩ手法を導入しました。これにより、建設費も含め20年契約で55億円の経費を40億円までに圧縮し、26パーセントの節減を図りました。今までの図書館が年間２７３日の開館だったものを３４５日に増やし、開館時間も９時から20時までと大幅にアップすることが出来ました。議会や商工会からは、ＰＦＩでは地元の企業の参入が困難という批判もありますが、「サービスは高くコストは低い図書館を造る」という目的を第一に据えることが重要でした。

分権で歴史を継承する街並みの再生を

我が国は、明治維新による廃仏毀釈等によって歴史的な文化財の破壊を行い、敗戦後は国の中央集権的な補助制度によって僅かに残されていた地方の美しい街並みを無個性化し、どこに行っても金太郎飴のような街としてしまいました。都市計画はあっても街の統一性や歴史性は創られていません。街に統一観が無いことは、「省益あって国益なし」という政治の限界とも重なってきます。いま街づくりに求められるものは、歴史性と統一観です。分権社会の確立によって地方の個性と伝統を再構築し、美しい街並みを再生させようではありませんか。そのことは、私たちの内面に統合力を創り上げていくことにも通じるでしょう。

□市長プロフィール□

1952（昭和27）年稲城市生まれ。早稲田大学社会科学部卒業。株式会社三陽商会に就職後、空手修行のため渡米。稲城市議会議員を2期務めた後、1991（平成3）年38歳で稲城市長に初当選し、現在4期目。2003（平成15）年5月から東京都市長会会長および東京都市区長会会長に、2004（平成16）年6月からは全国市長会社会文教委員長に就任する。趣味は空手、ツーリング。

□新潟県　燕市□

行政運営から行政経営へ

燕市長　高橋甚一

はじめに

国、地方自治体を取り巻く状況は、ますます厳しくなっています。右肩上がりの経済成長が望めない現在、「多様化する住民ニーズにどのように対応していくのか」が、とくに住民とじかに接する基礎的自治体である市町村にとって、とりわけ大きな課題といえます。

2005（平成17）年4月に出された経済財政諮問会議の「日本21世紀ビジョン」専門調査会報告書によると、日本の人口は、今後10年程度は微減にとどまるが2010年代には本格的に人口が減少すると予想されており、2030年には現在より約1000万人程度人口が減り、約5人に1人が75歳以上の超高齢社会になると予測しています。

すでに「負担増・サービス減」の時代に入ったと言われていますが、今後はそれが飛躍的に進むことが容易に想像されます。

これからの行政はどうあるべきか

そうした中で住民と直結する市町村はどうあるべきか、真剣に考えなければならない時期に来ています。

従来の行財政改革は、経費の削減が主眼であり、シーリング方式で予算を圧縮したり、組織機構の再編や事務事業の統廃合により行政の効率化や人員の削減を図ったりするのが一般的でした。もちろん経費の削減が重要な意味をもつことは当然ですが、これからはそれだけで行財政改革を推し進めることでは足りないと思っております。行政の仕事の仕方、行政運営のあり方そのものにメスを入れなければならない時期に来ていると考えます。

行政運営から行政経営へ

「負担増・サービス減」の時代では、今まで以上に経営感覚が必要になると思われます。前例踏襲による従来型の行政運営ではもはや対応できません。施策・事務事業を画一的に取り扱うのではなく、優先順位をつけるなど、いわば「集中と選択」による戦略的経営が必要となります。

住民、とくに納税者の視点に立って

「負担増・サービス減」の時代では、住民の視点に立った行政経営が重要です。

これまでの行政が「住民の視点に立つ」と言ったときの住民とは主に受益者（サービス利用者）を指しており、受益者に偏重していたのではないかと思います。これからは、超高齢社会を下支えする納税者の視点を重視し、納税者の納得のいく行政経営が必要です。

住民との協働関係の構築

高度経済成長時代には、行政サービスも拡大基調にあり、まちづくり、地域づくりも行政主導でできましたが、これからは住民の皆さんの力がどうしても必要になります。行政への依存体質を断ち切り、住民自治の主役としての住民へと変貌させ、協働によるまちづくりを進めることが重要になります。

今後の取り組み方針

こうした点を踏まえ、今後さらなる行財政改革を進めるための燕市の課題と現在の取り組み状況について少し触れてみたいと思います。

1　職員、住民の意識改革

新たな行政経営改革を進めるためには、まず職員自体の意識改革を進める必要があると考えます。前例踏襲型から戦略思考型へと職員の意識を変えていかなければなりません。あわせて住民の意識も行政依存型から自主自立型へと転換を図りたいと考えています。

燕市は2006（平成18）年3月20日に隣接する2町と合併します。「合併は最大の行革である」との言葉もあるとおり、合併によって市の規模が大きくなり、より効率的な行政経営が可能となり、集中と選択の効果もより大きなものとなることが期待されますが、この合併を機会に住民・職員の意識改革を加速させていきたいと思っております。

2　住民と行政との協働関係の構築

また、現在、市内を五つの地域に分け、それぞれの地域に「まちづくり協議会」（住民主体による地域コミュニティ組織）の設置を進めており、まちづくり協議会の活動を通して住民の皆さんから住民自治の主役となっていただき、この活動を核にして、住民と行政との協働関係を構築していきたいと考えております。

3　情報公開から情報発信へ

従来から行政情報の公開には努めてきたところですが、今後はそれをさらに進め、これまで行政が出したがらなかったマイナス面の、例えばこれは残念ながら行政では対応できないといった情報も含めて、住民の皆さんへの情報発信を積極的に進め、市政に対する理解を深めていただき、納税者の立場で納得のいく行政経営を行っていきたいと考えております。

おわりに

いずれにしましても、いまだかつて経験したことのない人口減少・超高齢社会に挑むこととなるわけですから、我々地方公共団体の首長の責任はますます重くなり、強いリーダーシップが要求されると考える今日このごろです。

□市長プロフィール□

1935（昭和10）年新潟県燕市生まれ。法政大学社会学部卒業。1958（昭和33）年株式会社高秋化学代表取締役就任。燕市公平委員、燕市教育委員、燕市教育委員長等を務める。1996（平成8）年燕市長就任（現在3期目）。

□新潟県　村上市□

職員の意識改革を進め、市民から信頼される行政を作る

村上市長　佐藤　順

私は4年前、村上市の市長となり、民間経営感覚で、行財政改革の断行と村上の再生に取り組んでまいりました。

就任当初、中小企業の痛みを感じていない公務員との違いは予想以上にあり、職員の意識改革には八方ふさがりの状況でした。大胆なメスも必要、しかしメスの使い方では治療効果も薄れるため、まず職員との話し合いと現場を見ることからはじめました。

私は脱サラから会社を創業しました。社長としてオイルショック、またバブル経済の破綻も、痛いほど事業経営の中で受け止めてきました。

そんな経験から、とにかく、歳出削減、固定経費をいかに減らすか……。少なくとも企業と同じで人件費を抑えることしかないと考えました。行政サービスを落とさず、人件費の削減を行う。これには職員の意識改革をすることで不安を与えないで効果的に……私の仕事でありました。

市民と共に記念パレードに参加する佐藤市長

少なくとも3年かかりました。その間に合併問題もありました（結果的には合併を見送った）。何故合併を見送ったか？　答えは簡単、それぞれの自治体が財政健全化（歳出削減）の努力をしなかったのが……主因です。ただ合併すれば、特例債があるから財政が豊かになるという。しかし、私の民間経営からすると、合併に不可欠なことは、お互いに行財政をどこまでスリムにするか、ということでありました。その結果で市民も安心できる合併があると信じていたからです。

マイナスとマイナスが一緒になってもマイナスです。マイナスとプラスでイーブン。プラスとプラスであれば、将来が展望できます。

私は、市長就任以来、スリムな市役所に向け、退職者の不補充による職員の大幅削減や予算の枠配分など見直しを行ってまいりました。

結果として、底を付く状態の財政調整基金を2004(平成16)年度で7億、教育施設整備基金に2億円を積み立てることができました。

また退職者不補充は、3年間で新規採用3名により、26名の削減をいたしました。

今後も継続し、行政サービスで民間ができる事は民間に、行政でしなければいけない仕事は公務員というプロの意識でより高いサービスをめざしてまいります。

私の構造改革の理念は、①意識改革　②組織改革　③人事改革、であります。

この事を着実に進めることが地方自治体の基本的な改革につながると信じております。

「市民の目線」で市民の満足度を確保する、そのためには、効率のみの追求ではなく、家族・地域を中心に、まちづくりを考え、協働する仕組みを確立してまいります。

職員は、住んでいるエリアを十分把握し、非常時をはじめあらゆる場面で、対応できるよう訓練しておく必要があります。職員は市役所の宝であり、職員全てが地方自治担当者としての意識改革を今以上に進め、市民ニーズに応えていくことにより、行政が市民から信頼され、安心できるという形がつくりあげられます。

今後、まちづくりの視点は、中心から地域へとシフトしてまいります。昔の「御用聞き」の役目を職員が受け持っていただければ、地域から変える行政のあり方が生きてまいります。

村上市は、城下町の人口3万人という小さな市でありますが、歴史と文化と観光が生きる「市民が輝く街づくり」は、確かな動きをはじめました。

5年後には、見える形となります。

市民が村上市に暮らしてよかったと実感できるまちづくりに向け、引き続き強い信念と情熱を持って行財政改革に取り組んでまいりたいと思っております。

□市長プロフィール□

１９４６（昭和21）年新潟県村上市生まれ。日本電子工学院放送技術科卒業。旭電工株式会社、山辺里地区農協勤務を経て、１９７８（昭和53）年にフォト・スタンプ新潟を設立。１９８３（昭和58）年から村上市議会議員を１期。２００２（平成14）年から村上市長（現在１期目）。

□富山県　滑川市□

不断の努力を重ね行革断行を

滑川市長　中屋一博

保育所のもちつき大会で、園児とともに

私が常々口にする言葉として、「行政改革は、行政にとっての永遠のテーマである」というのがある。行政というものは、放っておけば、黙っていれば肥大化しようという作用を本能的に持った組織であるということ。例えば、介護保険制度などのように法律に基づく新しい制度がひとつ加わると、それにより事務量が増加し、職員も増員する、という流れになる。それゆえに、行革は常に取り組まざるを得ない永遠のテーマであるということである。ただ、永遠のテーマであるがゆえに、マンネリ化に陥りやすい。ゆえに、不断の努力を重ね、行革を断行していくことが行政に課せられた大きな命題であろうと考えるものである。

本市の行革の取組みについては、現在、2004（平成16）年度から2008（平成20）年度までの実施期間を設定して、第4次行政改革を進行中である。

この策定経緯については、2001、2002（平成13、14）年当時、富山県内の各自治体でも合併論議が盛んとなる中、本市でも住民アンケートや住民懇談会等でのさまざまな議論、意見を踏まえて、2003（平成15）年2月に当面は市町村合併を行わず、単独でいく旨を市民に公表した折、「やるからには我々も身を削る思いで行革を断行しなければならない」と表明したのが発端であり、これが私の口から「行革の断行」という言葉が最初に出た時でなかろうかと思う。

まず取りかかったのが、我々特別職の報酬である。この妥当性について、「特別職報酬審議会」に諮り、この結果、2003（平成15）年度から、議員にもご理解をいただき、一律7パーセントの報酬カットを行った。あの折、滑川以外の市町村でも、特別職の報酬を一部カットした自治体もあったが、それはおおむね2パーセントから3パーセントの削減額であったと思う。しかし、報酬審議会では7パーセントの削減をという答申であり、やむを得ないだろうと考えるものであるが、議会の各位を含めて、ほかの方々にはご迷惑かけたなという感は否めない。と同時に、2003（平成15）年当時、本市は2004（平成16）年度を終期とする第3次の行政改革大綱を推進中であったが、もう一度、行政全般について徹底的に洗い直さなければならないということで、5年の実施期間の1年を残しながら、1年前倒しして、新行革大綱を策定することとして、2003(平成15)年度に行革本部を立ち上げ、私が本部長になり、1年間かけて問題点の徹底的な洗い出しを行い、2004(平成16)年2月に、第4次滑川市行政改革大綱を公表させていただいたところである。

大綱では、行政への市民参画の推進とともに、職員の意識改革を推進方策のひとつに掲げている。これは、行革を支えるのは職員一人ひとりのマンパワーであり、人材の育成が極めて重要であることからであるが、職員には中国(後蜀)の有名な戒諭辞である「爾の俸、爾の禄は、民の膏、民の脂なり、下民は虐げ易く、上天は欺き難し」を引き合いに出し、同時に全体の奉仕者たることを再認識し、意識改革への取組みを進めほしいと常日頃督してところである。

2004(平成16)年度末の実施状況については、90の行革項目について取り組み、目標達成済みの項目が69パーセント、検討継続中のものが28パーセント、検討した結果、現行どおりが適当と判断したものが3パーセントであり、そして、経費にして約6600万円の削減を図ることができたところである。ただ、本市は、行革には早くから取り組んでおり、中でも事務事業の民間委託の推進や職員数の抑制等については、県内の他市町村に先駆けて取り組んできた経緯もあり、さぞかし乾いた雑巾を絞るような思いで取り組んだ見直し項目もあったものと思っている。

さて、地方財政においては、地方税収が回復傾向にあるものの、財源不足と多額の借入金残高を抱えており、国と地方に関する「三位一体の改革」を強力に推進することにより、地方の権限と責任を大幅に拡大し、歳入、歳出両面での地方の自由度を高めることで、真に住民に必要な行政サービスを地方が自らの責任で、自主的、効率的に選択できる幅を拡大するとともに、国・地方を通じて簡素で効率的な行財政システムの構築を図ることが強く求められている。

この度の郵政民営化を争点とする総選挙における自民党の圧勝は、この三位一体の改革推進を大きく加速させるものであり、われわれも微力ではあるが、「改革の灯を消すな市長の会」の一員として、小泉構造改革の推進をサポートできたことを心から嬉しく思うとともに、今後とも地方行政の現場から、我々地方の改革の声を中央に発信していくことができれば幸いと考えるものである。

□市長プロフィール□

１９４７（昭和22）年富山県滑川市生まれ。滑川高等学校商業科卒業。卒業後、家庭薬配置販売業に従事。１９８１（昭和56）年、34歳で市議会議員初当選。以来２００１（平成13）年まで滑川市議会議員を５期（議長２期）。２００２（平成14）年から滑川市長（現在２期目）。

□福井県　小浜市□

行政改革への取り組みに向けて
――地方自治は市民の行政への参画から

小浜市長　村上利夫

小浜市は、飛鳥・奈良の時代から、伊勢、志摩、淡路と並んで、朝廷に食を供した御食国《みけつくに》としての歴史があり、若狭地方の中心都市として発展して参りました。

私は、地方分権の基となる、自治基本条例と、私の公約の要となる政策の宣言をひとつにしたような条例が出来ないか考えていました。そこで小浜市の歴史を踏まえ、2001（平成13）年9月に「小浜市食のまちづくり条例」を制定し、2004（平成16）年12月には「食育文化都市宣言」を行いました。

食は文化の根源であり、豊富な海産物などの資源と食文化を生かすとともに、食材にこだわった農林漁業の振興、食文化を支える食品産業や箸産業の育成、味にこだわる民宿や観光産業の振興、食料の地域自給、健康への貢献、食を育む森と水、川、海などの環境保全、食を尊ぶ家庭教育、料理や農業の体験学習を通じた児童教育など、食を通じたまちづくりを住民自治の考えで進めようとしたのです。

そうした考えから、公約のひとつに「市民の行政への参画」いわゆる市民参加を掲げてきました。市民参加は、市民の皆さんの意見、想いを直接的にあるいは間接的に伝えていただくことから始まると思っており、食のまちづくり条例で、「市民は、基本理念に基づき各地区において食のまちづくりを主体的に実施するため、地区振興計画を策定するものとする」と規定し、12地区の住民がそれぞれ3年がかりで自主的に策定した「地区振興計画」による実践活動を支援し、進めて頂いております。

また、市民参加型プロジェクトチームをこれまでに22チームを設置し、市民172人、職員117人が同じチームに参加し、まちづくりのための新たな課題について、提言や企画、実践のための啓発、評価などを行っていただきました。このような活動は正に市民参加、協働そのものであると認識しています。

更に情報の全面公開や主要施策についてはパブリックコメント制度を導入したほか、2000（平成12）年11月から「意見箱」やメールで市民提案を受け付け、全てについて市長が回答することとしています。また、農林漁業、商工業など業種別の市長との懇談会や市長および幹部が出席する地域別政策懇談会も開催しています。なおまた、テーマ別に施策を市の幹部が出向いて説明や懇談の機会を持つ「出前講座」も実施しています。2006(平成18)年度の予算編成においては、民意を直接反映させるため、「市民提案枠」を設けました。今後も市民と行政が協働して、お互いの知恵を出し合い、よりよい関係を保ちながら行政運営を推進していきたいと考えております。

また、行政の自己改革としては、第1に厳しい財政状況にあって、限られた財源を的確に配分するため「身の丈財政宣言」を行い、定員適正化計画に基づき、2000(平成12)年度からこれまでに61人の職員削減を行うなど、財政基盤の強化に努めています。

第2に広範囲にわたる事務事業を効果的に推進していくためには、事業の評価を徹底し、行政の守備範囲を見直すとともに、民間の経営ノウハウや能力などを十分に活用していくことが必要で、適正な管理監督のもと、計画的に外部委託を推進するとともに、指定管理者制度、PFI手法などを活用し「小さな行政への転換」を図ることとしています。

第3に行政改革を真に実効性のあるものにするためには、行政システムなどの改革と合わせて、職員が自らの使命感をもって、積極果敢に自らの仕事を見直していく意識を持つことが大切であります。このため「ちょっと待てこれでいいのか!」を職員一人ひとりの座右の銘とし、全職員の机にこのシールを貼らせています。そして広い視野を身につけるため、今後も民間への派遣研修や国、県との人事交流も行って参ります。

職員の専門的な知識・技術・能力を高めていくことも重要であり、本市では職員の人事異動に関わらず能力を発揮出来るよう、2005(平成17)年度から財政、福祉、環境、歴史文化、食育等においては「政策専門員」を認証、設置しておりますが、今後更に他の分野にも広げたいと考えております。

また、職員が創造性のある仕事が出来るように、時間外に地域住民と一緒になってまちづくり活動が行なえるように、小浜方式の「フレックスタイム制度」を制定すると共に、職員の立場を超えた指摘なども市長に遠慮なく伝わるように独自の「業務改善ホットライン」制度も設けるなど、積極的に職員の職場環境の改善に取り組んで参りましたが、今後共更に充実した制度となるよう努めて参りたいと考えております。

結びになりますが、地方分権時代の自治行政は、梶原前岐阜県知事の言葉を借りれば、正に特色ある「善政競争」です。自己責任が重くなり行政の中味を選択できる時代です。上意下達の時代ではない、「知らしむべからず依らしむべし」の逆の時代なのです。

このことを、職員も議員も、市民もよく理解することが根本です。理想的な行政を行うことは至難であり、常に抵抗を伴います。しかし、理想を掲げて進まなければなりません。そのために、行政施策のすべてについて、常に広い意味の「市民教育」ということを忘れてはならないと思います。

福井県　小浜市

□市長プロフィール□

福井県農業短期大学校教授、福井県農林水産部長、福井県農業会議会長、福井県森林組合連合会長、福井県議会副議長などを経て、２０００（平成12）年8月に市長に就任。著書に『実践農業指導論』、『農業の経営と農協』（共著）など。

□長野県　飯山市□

行財政改革に向けて　真に自立した都市を目指して

飯山市長　木内正勝

近年、長引く景気低迷により民間会社は大規模なリストラを実施してきた。この間、国を始め地方自治体は行財政改革に取り組んではいたが、国の景気浮揚策による公共事業の増加もあり十分な取り組みができないでいたのでないか。地方分権が長らく叫ばれてきたがここに来て三位一体の改革により、ようやく地方分権が進み出したところである。地方自治体にとっては、自己決定、自己責任が問われ、より一層の経営感覚が問われてくる。このような背景により、自治体間の競争もおきてくる。市民が安全に安心して暮らせるまちづくりを進めていかねばと思いを新たにしているところである。

私は3つの柱で行財政改革を断行している。まず1つめとして日本一親切な市役所づくりを進めている。私は常々飯山市の宝物は「雪と緑と人情」といっている。飯山市は人の情けがあつい地域として知られており、多くの市民は温かい気持ちをもっているが、まだ積極的に観光客へのガイドなどを担う市民はさほど多くない状況である。そのためにも、私はまず市役所が範を示さなければならないと考え、日本一親切な市役所づくりを進め職員の意識改革を促している。この取り組みにより職員の対応もより

少年野球チームが集う「夢丸農業小学校」で児童と苗を植える木内市長

親切なものへと変わってきている。そのもてなしのDNAが市民にも浸透していけばお客様への行き届いたサービスの提供にもつながっていくと考えている。このことが私が提唱している旅産業興しにつながり賑わい創出にもつながっていくと考えている。また、飯山版マニフェスト（※選挙公約等のいわゆるマニフェストではなく、総合計画を基本にこれからの市の進むべき方向や施策の緊急度、重要施策を市民にわかりやすく視覚的に図示したもの）を作成し、市民にも市の進むべき方向をわかりやすくし、職員も仕事を進めていく上での指針となるような取り組みをしている。

2つめとして、市民との協働のまちづくりである。昨今、民間に任せるべきものは民間で行うという民間と行政の役割分担が議論されているが、当市は都市部と違い民間の受け手が多くなくNPO法人等もまだ業務委託できるところが少ないなどの問題があり、これからの改革をどう進めていくかが課題である。私はその課題解決のキーワードは市民との協働であると考えている。当市では、2004(平成16)年度より「協働のみちづくり」として、地元施工の道路整備を始めている。これは、各集落の住民が真に必要な道路を必要なだけ住民が直接施工し、市では設計、技術援助、原材料支給、重機等の使用料を負担しているものである。また、本年度より小規模の土地改良を地元施工で実施している。このように民間の受け手がなく財政力も弱い自治体では、市民と協働しながら、行政を運営していく方法しかないと考えている。2003(平成15)年に策定した第3次行財政改革の基本方針では、従来型の経費削減のみだけでなく、市民との協働や市民満足度の向上、成果を重視した行政経営改革を行うこととしている。

3つめとして、経費削減など効率的な行財政運営である。当市は、1967(昭和42)年に赤字団体になった経過もあり、財政再建後も保育士、給食技師の嘱託・臨時職員化やゴミ収集の民間委託など行財政改革には率先して取り組んでいた。このような経緯から、当市の行財政改革は比較的進んでいると考えている。現在も、大変厳しい財政状況の中、職員数や職員給の削減をはじめ特殊勤務手当・日当の全廃など多くの経費削減に取り組んでいる。また、事務事業評価の導入など常に事務事業の見直しにも取り組んでいる。これらの取り組みに加え、本年度は、公募市民も含む「飯山市自立のための市民会議」より自立のための提言を受け、真の自立を目指して「自立計画」を策定しているところである。

飯山市は、中央に千曲川が流れ、日本有数の豪雪地帯である。今では、雪を活用し、共存して生活をしているが、このような暮らしができるようになるまでには、降り積もる雪と格闘した長い歴史があり、この千曲川による大洪水とあわせて、市民にはこれらを乗り越えてきた底力がある。行財政改革を進める中で、市民の底力を借りながら真に自立した飯山市を目指したい。

最後に、現在も国・地方を通じた職員の削減などによる小さな政府・自治体を目指し、経済財政諮問会議で議論されているように、今後も不断なき行財政改革を推し進めていく必要がある。とくに本会のように「志」ある市長がつどい、それぞれ情報交換を行うなど交流を深める中で、真に自立した都市をつくっていこうではないか。

□市長プロフィール□

1945（昭和20）年長野県飯山市生まれ。長野県農業講習所農業学科卒業。卒業後農林水産省へ入省し、3年後長野県職員となる。この間スポーツを主体とした各種地域活動にも取り組む。1998（平成10）年飯山市助役となり、2002（平成14）年から飯山市長（現在1期目）。

□長野県　岡谷市□

市民総参加による特色のあるまちづくりをめざして

岡谷市長　林　新一郎

岡谷市は、長野県のほぼ中央、海抜759メートルの諏訪湖の北西に位置し、八ヶ岳、アルプス連峰の山並みや、遠くには富士山を望み、湖と四季折々に鮮やかな変化をみせる自然に包まれた風光明媚な「緑と湖のまち」であります。

かつて生糸の都「シルク岡谷」として世界にその名を馳せ、その後東洋のスイスといわれる精密工業都市として発展しました。

現在は、21世紀型技術体系の基盤をなすナノテクノロジーをベースとした「スマートデバイス」の世界的供給基地を目指し、産学官連携のもと「ものづくりのまち」として歩んでおります。

また、当市が生んだ童画家、武井武雄先生の優しく幻想的な童画作品を展示している「イルフ童画館」を持つ「童画のまち」、「寒の土用丑の日」発祥の地である「うなぎのまち」、8月に行われる「岡谷太鼓祭り」での豪快な日本一の300人揃い打ちによる「太鼓のまち」、そのほか「スケートのまち」、「バレー

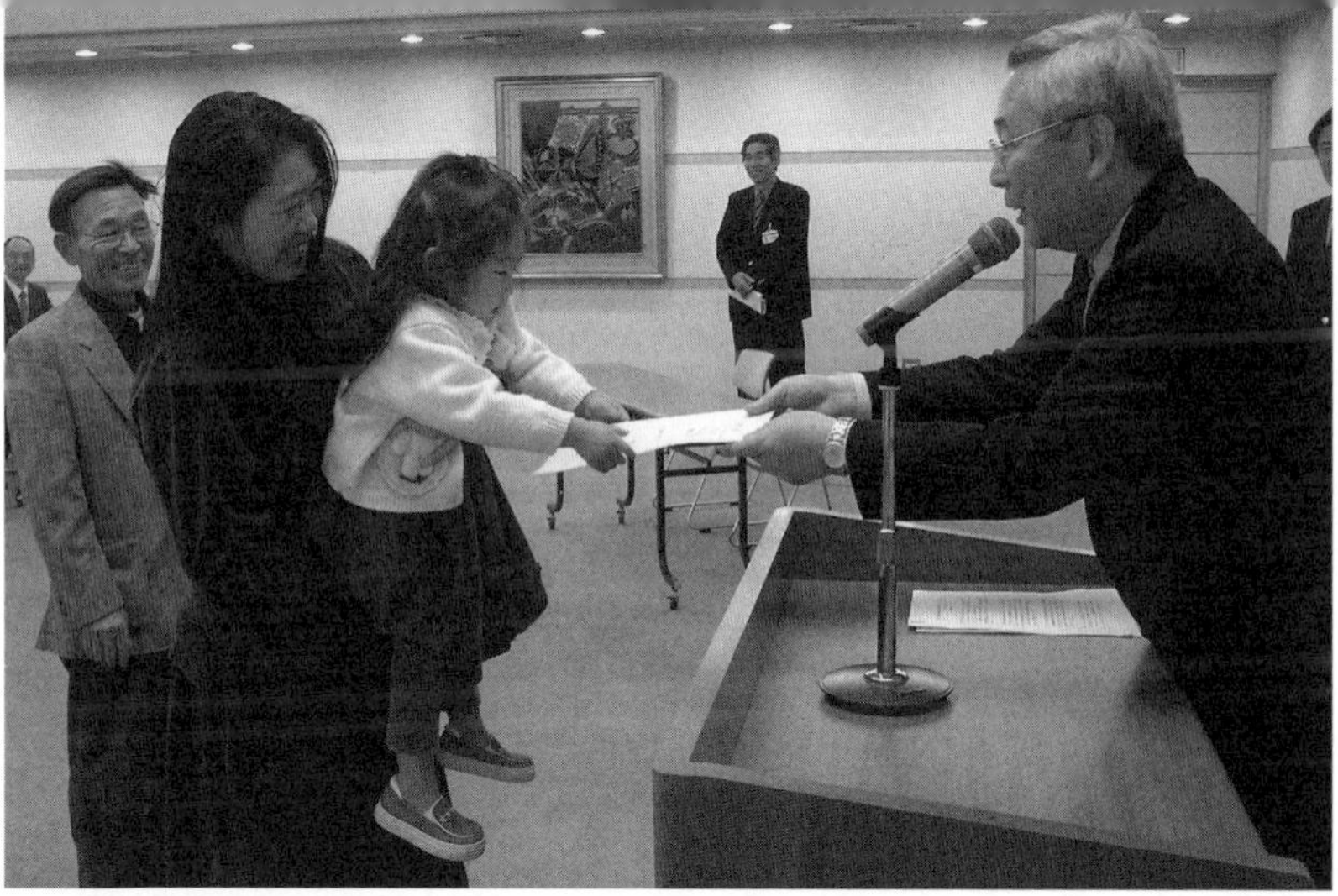

事務嘱託員委嘱書交付式にて　林市長（右）

ボールのまち」など、市民総参加による特色あるまちづくりを推進しております。

さて、長期にわたる景気の低迷は、国税や地方税の大幅な減収をもたらし、国や地方公共団体の財政状況を大変厳しいものにしています。また、少子高齢化の急速な進展など、社会構造の変化も、国や地方の行財政の運営に大きな影響を及ぼしています。

このような状況のなかで、当市においては、諏訪地域6市町村の経済活動や生活文化が一体となっている状況等から、この市町村合併を実現することで、行政運営の効率化と財政基盤の強化を図り、多様化する市民要望や各種の行政課題に的確に対応し、地域の活性化を図っていくことが必要であると考え、究極の行政改革である市町村合併の推進に積極的に取り組んでまいりました。

しかし、諏訪地域6市町村による合併協議は不調に終わり、その後、諏訪湖周3市町による法定合併協議会を設置して、合併協議を進めてきましたがこれも整わず、2004（平成16）年11月には合併協議会が廃止となり、当市は自立の道を歩むこととなりました。

自立するということは、単に合併をせずに単独の道を歩むということではなく、自己決定・自己責任の原則のもと、健全財政を保持し、市民本位の行政、独自性のある特色のあるまちづくりを推進することであると考えています。

当市においては、これまでも第3次岡谷市行政改革大綱〔計画期間　2002(平成14)年度〜2004(平成16)年度〕に基づき、市民起点による行政改革を推進してきましたが、これを継承し、さらに発展させ、行財政の改革をこれまで以上に推進していくことが最重要課題となっています。

そこで、市民総参加による特色のあるまちづくりを推進できる行財政基盤の確立をめざして、2005(平成17)年2月に行財政改革プラン策定市民会議を設置、25回にわたる会議を開催いただき、議論を深めるとともに、パブリックコメントを同時進行で行いながら、岡谷市行財政改革プラン〔計画期間　2006(平成18)年度〜2015(平成27)年度〕を策定いたしました。

このプランは、ますます厳しくなる財政状況のなかにあっても将来にわたり必要な市民サービスの提供を確保するとともに、各種課題に的確に対応していくため、「市民と市の役割分担と協働の推進」、「簡素で効率的な行財政運営」、「集中と縮小・廃止を基本とした事務事業の見直し」、「公平性の視点に立った適正な受益と負担の確保」を基本的な方針として、市民の皆さんにも我慢していただくべきは我慢をしていただき、負担すべきは負担をしていただくなかで、市民の底力を結集して行財政改革を推進する計画内容となっております。

　このような行財政改革の取り組みは、現在、全国の市町村において、三位一体の改革を踏まえ、国から地方への改革の理念に沿って、住民にもっとも身近な基礎自治体として、それぞれの地域の実態にあった形で進められていると認識しております。

　しかし、現在、国が進める三位一体の改革に、高齢化による生産年齢人口の減少があいまって、地方財政は極めて厳しい財政運営を強いられ、今後さらに深刻な事態に陥ることが懸念されます。

　国に対しては、自らの行財政改革に真摯に取り組み、地方団体の安定的な財政運営に必要な財源を確保するよう、さらに強くアピールする必要があると思っております。

　当市の自立の道は大変厳しい道のりではありますが、市民、職員一人ひとりの英知を結集し、創意と工夫、努力により、これからの難局を乗り切り、全市民が今まで以上に多くの夢が描ける、市民本位のまちづくりの推進のために、行財政改革に取り組んでまいりたいと考えております。

長野県　岡谷市

□市長プロフィール□

1948（昭和23）年生まれ。東京農業大学卒業。地元造り酒屋の5代目。1995（平成7）年から岡谷市長（現在3期目）。

□長野県　長野市□

私の確かな信念「民間活力の導入」

長野市長　鷲澤正一

本市は、２００５（平成17）年１月１日に、１町３村と合併し、人口約38万人、市域面積約７３８平方キロメートル、老若男女が参拝する善光寺は季節ごとに美しい表情を見せる北信濃の山並みに囲まれ、冬季オリンピック施設や多くの貴重な文化財を持つ緑豊かなまちであります。

さて、私は、市民の皆様から寄せられた信頼と期待に応えるため、「市民が主役」を大前提として、市民の目線に立った行政経営に心がけております。また、市民との協働により元気なまちを目指すために「長野改革」の推進を掲げ、新しい市民参加型システムによる「長野市版　都市内分権」の推進と、市職員の改革意欲やチャレンジ精神を養うための「人事制度改革」をその礎に据えて、行財政改革を進めております。

合併により編入した戸隠地区で開催された「移動市長室」で

私が市政運営の中で、最も重視していることは「行政改革」であります。市長に就任して、まもなく、庁内に「行政改革推進局」を設置いたしまして、市民との協働、民間活力の活用、市民の目線で、という3つの柱を常に念頭に置いて取り組んでおります。

「行政改革」を進める中で、「民間活力の導入」は、市長に就任して以来、一貫して主張し続けておりますが、今後もぶれることのない私の確かな信念であり、現下の財政状況や社会背景を鑑みると、まさに、歴史的な使命であると思っております。民間活力の導入を切り口にあらゆる改革を進め、市民満足度の高い社会を目指しております。

私が思う「民間活力」とは、もちろん、民営化や民間委託もそうですが、市民の皆さん一人ひとりの力や知恵を行政に反映することであります。行政の事務事業を縮小して、市民の皆様の力や知恵を活用することこそが、真の民間活力の導入となり、より効率的で質の高いサービスの提供につながるものと考えます。

また、民間委託・民営化に当たり、私の基本的な考え方は①サービスの質が低下しない、②競争条件が整う、③コストが削減できる、この3つを尺度として、民間の活力の一層の活用を推し進めております。

はじめに、指定管理者制度につきましては、昨年1月に合併する以前の旧長野市分の519の公の施設の内、154の施設を2006（平成18）年4月には、指定管理者に管理を移行いたします。また、合併した1町3村の203の施設につきましては、16施設を2006（平成18）年4月に、90施設を2007（平成19）年4月以降に移行する予定で準備を進めております。なお、多数ある小規模な都市公園や、公営住宅、公民館などは、その形態と費用対効果を考慮し、今回は見送りとしました。

長野市での取組みの特徴として、全ての公の施設について、その管理のあり方について検討を行いました。外部の委員さんからなる審議会に諮って、その必要性、管理の在り方について答申をいただきました。この点は全国的に見ても非常にユニークな取り組みだと思います。また、指定管理者の選定にあたっては、全てを公募で行いました。選定の条件は安定した運営を担う力量があること、そしてサービスの向上と委託コストの縮減が見込めることです。さらに本市では、地域にできることは極力地域で受けていただきたいという考え方もありました。

次に重視しているテーマは、都市内分権の推進です。地域に密着した総合的サービスの提供や地域住民による地域独自のまちづくりが展開できる新たな市民参加型の行政システムとして、市民の皆様に御理解をいただきながら、実現してまいります。2006（平成18）年1月、長野市都市内分権審議会において、都市内分権のあり方について答申をいただきましたので、2006（平成18）年度から、将来を見据えた新たな住民自治組織としての「住民自治協議会」ができるだけ多くの地域において設置されることが期待されます。また、支所を地区のまちづくり活動の拠点として位置付け、住民活動を支援するための職員の配置など支所機能の充実に努め、長野市にふさわしい都市内分権を構築してまいります。

さらに、財政構造改革への取組みでありますが、財政の硬直化は、国をはじめ多くの自治体が抱えている大変大きな課題であります。その中にあって、本市においては、健全な財政運営を堅持しつつ、市民福祉の更なる増進を図らなくてはならないという大変難しい市政運営が求められておりますが、「入りを図りて出ずるを為す」を財政運営の基本として、「選択と集中」により、市民の皆様の期待にしっかり応えられるように創意工夫をしております。

本市では、2005（平成17）年3月に「財政構造改革懇話会」を設置し、本市財政の構造そのものの再構築について検討いただきました。現在、懇話会からの提言を基に、具体的な改革プログラムの作成に取り組んでおり、今後、市民の皆様にそれをお示しし、御理解をいただきながら、順次、財政改革を実現してまいります。

また、今後5年前後には、今計画している大型事業が重なり歳出はピークに達すると予想されるため、私は、行政経営の視点から「民間活力の導入」が不可欠であると考えており、PFI制度の導入や、市民ファンドの活用など、あらゆる角度からその可能性について検討し、導入してまいりたいと考えております。

□市長プロフィール□

1940（昭和15）年長野県長野市生まれ。早稲田大学第一商学部卒業。大学在学中、株式会社炭平鷲澤本店入社。1983（昭和58）年長野市教育委員就任、1987（昭和62）年長野商工会議所副会頭就任、1994（平成6）年長野都市経営研究所理事長就任。2001（平成13）年から長野市長（現在2期目）。

□岐阜県　各務原市□

目指すは独立都市自治体

各務原市長　森　真

今のこの国の地方自治体は、双子の歳入減と3つの市民需要増の時代に入っています。

前者は、経済が成長期から成熟期に入り、景気循環による短期的な若干のGDPの増減はありますが、基本的にかつてのような右肩上がりの経済成長は望めません。したがって税収の大幅な伸びは考えられません。

もちろん、政府で論議されている制度的増税で若干は増える可能性はありますが、基本的に大幅な伸びは期待できません。

三位一体の改革、地方分権も、国庫補助負担金や地方交付税の減が、税源移譲より多いのは、残念ながら当たり前です。そうでなければ、現世代のつくった国家の財政赤字が減らないからです。

つまり、私たちは現実として税収の伸び悩みと、地方交付税や国庫補助負担金の減という双子の歳入減を覚悟しなければなりません。

一方、市民からは3つの分野で需要が高まってきています。ひとつは高齢者福祉、環境の分野。2つ

は、保育・教育の分野。3つは、とくに地方都市では未来への基盤投資です。つまり、地方自治体には、双子の歳入減と3つの市民需要増という矛盾する波が押し寄せているのです。この矛盾を克服し、健全財政を維持しながら、必要な市民サービスと市民福祉を向上させる知恵と推進力を都市行政は持たなければなりません。

戦後初めて経験する、この壮大な課題に都市行政は、知恵（新システム開発力）と汗と推進力を発揮する必要があります。しかも、時代は人口減少時代。その中身は、超少子高齢化の進行下においてです。

私は基本的に、民間企業は営利を目的とする経営であり、都市行政は市民皆さんの税を預かり、市民皆さんの共通事務事業を企画し推進する事業体であり、したがって民間企業より万事、効率つまり費用対効果が良くなければならないと考えています。

質の良い民間企業と市職員を比較しますと、前者のほうが優れている点は、スピードとコスト意識でしょう。後者の長所は、情報量、企画力、組織的行動力、文章表現力でしょう。したがって、都市行政に前者の優れている点を加えると、競争的公企業体として抜群に良くなります。私は絶えずこの基本姿勢を職員に話しています。

バブルの崩壊より、すでに10数年。この国は戦後最大の大転換期にあります。この間、民間企業は、過剰設備投資、過剰債務、過剰人員など3つの過剰をほぼ解消し、浮上してきました。都市行政も、戦後長い間続いた画一的なやり方を総点検し、新しい工夫を導入して施策の遂行力をつけてゆくべきです。

そのひとつは、行政の行うべきことと民間に任せたほうが良い事業の区別と整理です。当市は市立幼稚園や水道料金の徴収や点検、市民プールの運営など、100パーセント民間に移しています。保育所や学校給食なども順次その方向に移管しつつあり、今後現業部門を中心に、民間に任せる分野を計画的に増加させてゆきます。その方が、競争によって質の向上が図れ、コストも低くなり、市民の大切な税をより効率的に使うことができるからです。

その2つは、都市行政の全ての単価を市場価格に近づけるという経済の大原則を導入することであります。建設事業をはじめ、役所のほとんどの単価は事実マーケットプライスより高めです。しかも、支払いは100パーセント現金払いで、貸し倒れがゼロであるにも関わらずです。公務員ほど価格交渉力の乏しい民族は珍しい。

3つは、総体的に地方公務員の質は、同質ハイクオリティーであり、号令一下、組織的に事業展開できる能力や習性があります。その特性を如何なく発揮させるための公務員魂の向上とシステムを導入することです。詳細は省略しますが、当市では勤務時間帯の勤労密度を高くする工夫によって、仕事量は増大。職員数は減少したにもかかわらず、時間外勤務手当が、1997（平成9）年度比で2004（平成16）年度は、32パーセント減少、金額にして1億1400万円減となりました。

4つは、仕事のやり方の知恵を出し、変えてゆくことによって、同一事業をより効率的に実施する工夫を絶えずすることです。

5つは、事業推進のスピードを上げれば、その分だけ時間と人が節約できます。事業体の活力と仕事のスピードというものは、歴史的にも、まさに、正比例しています。

米国が上り坂の時代、あのエンパイアステートビルは、たった1年4か月で完成、韓国ソウルの清渓川（チョンゲジョン）5・8キロの高架道路を全面撤去、河川公園化の大事業は、2年3か月で、昨秋完成しました。日本でも、国づくりに燃えていた頃、東名高速自動車道をたった6年で完成させました。この点は、当市で実施している毎週金曜日の夕方、部内管理職打ち合わせと、それを受けての毎週月曜日朝の短時間の課内打ち合わせ、そして仕事は協議、指示、点検の反復という習慣は効果的です。

6つは、主に経営力あるいは抜群の経営システムを持っている、優れた経営者による職員研修を反復して行うことです。当市は、1998（平成10）年以来の行財政構造改革をよりシステム化体系化するため、トヨタのカイゼン運動を2001（平成13）年度に、日本のサービス業で始めて導入しています。後年、著名なある東証一部上場企業が自社のサービス部門に取り入れるために、わざわざ当市のカイゼン運動を視察に来ました。民間企業が役所に効率的な仕事のやり方を研修にくるなど、かつて聞いたことがないだけに、当市にとって名誉なことであり、すべての資料を差し上げました。

こうして、本市の行財政構造改革の実績は、2004（平成16）年度対同9年度比、25億5000万円余/年となり、財務体力が向上しました。同時にこの間本市の事業量が増大している状況において、本市の事実上の累積債務は減少、基金は増大してきました。

本市の目指す都市イメージは、言うなれば、ルネッサンス期のイタリアの都市国家です。創意と工夫に満ち、且つ次世代に対して責任感ある、自立した都市自治体です。

□市長プロフィール□

1940（昭和15）年生まれ、岐阜県岐阜市出身。早稲田大学第一法学部卒。1979（昭和54）年岐阜県議会議員に初当選。1997（平成9）年まで連続5期。1997（平成9）年各務原市長に就任（現在3期目）。

□静岡県　磐田市□

「磐田モデル」の都市経営は地方分権から

磐田市長　鈴木　望

磐田市はサッカーJリーグ「ジュビロ磐田」で全国的に有名になった。先日も他県で開催された市長会議の受付で「あの磐田市の市長さんですね。名札をお渡しします」と言われたが、なかなか名札が渡されない。改めて受付の女性を見ると、隣県の愛知県の所で名札を捜していたのだ。

磐田市は名前だけは全国区になった。しかしながら、実態はあまり良く知られていないことを痛感している。

私が磐田市長に立候補した最大の理由は広域合併。旧磐田市を含む磐田郡南部は5市町村に分かれていたが、歴史や文化は勿論のこと、日常生活圏も同一の地域である。地域の産業や歴史文化・名所旧跡を市町村別に細切れの形で売り出しても効果は半減。やはり特色を一体的に売り出し、自分達の地域の発展を自分達で図るためには広域合併が必要と考えたのである。

2005（平成17）年4月、磐田郡南部5市町村は対等合併し、新磐田市が誕生した。さまざまな合併構想が次々と破綻していく中で、新磐田市の場合は当初の構想どおりに順調に合併にこぎつけた。これを旧磐田市長であった私の手腕という人もいたが、私はそう思っていない。時代が市町村合併を後押ししていたのである。

合併により人口17・5万人、静岡県西部の中核都市が誕生した。新磐田市は農業・工業ともに盛んなまち。とくに工業は年間工業出荷額が約1・8兆円と突出しており、全国の都市の中でも上位30番以内に位置する。磐田市の本当の姿は工業に特化した都市なのである。

私は磐田市の特色を最大限活かしながら、細切れの市町村では出来ない広域的なまちづくりを自分達で推進し、名実ともに静岡県西部の中核都市を目指していくつもりである。

一方で合併の大きな目的のひとつは行財政改革。合併後、すぐに「磐田市臨時行財政改革推進会議」を設立し、行財政改革を急ぐことにした。

何故行財政改革を急ぐのか

産業界で活躍する民間人を主体に構成した磐田市臨時行革会議は、10年間で職員の約25パーセント、330人を削減する等、行政の全般にわたる非常に厳しい中間報告を出した。報道されている国等の職員削減案よりはるかに厳しい案である。この職員削減案を達成する為には通常の退職者不補充では足りない。さまざまな事業の民間委託はもとより、事業によっては住民にも一部を担ってもらわなければならない。

何故磐田市は行財政改革を急ぐのか。断っておくが、磐田市の財政状況は全国の平均をはるかに上回っている。財政力指数（単年度）は、0・889。それ以外の指標でも全国の都市の中で良い方に位置する。しかしながら磐田市の場合も他の都市と同様に財政状況は悪化している。しかも将来を見据えると、少子高齢社会の到来により社会保障に要する経費の激増は目に見えている。今ここでの改革なしに磐田市の

多様な広報チャンネルを提供（市民向けFMラジオ番組で市政を語る鈴木市長）

将来の発展はない。まさに「改革なくして発展なし」なのである。

磐田モデルといわれるような都市経営を目指す

私は広域合併の最大の狙いは地方分権にあると考える。

確かに広域合併は首長、議員や職員の削減等行革に大きな効果がある。しかし、合併は行革の必要条件ではない。近隣にも、合併協議に破綻した町村が徹底的な行革に踏み出した事例もある。合併なしでも将来への危機感と住民合意さえあれば、抜本的な行革は可能である。

私にとって磐南5市町村の合併を進めた真の目的は、この地域が一体となって自分達の力を蓄え、自分達の才覚と責任で地域運営をすること。地方分権の受け皿を創ることにあった。

我々首長の大きな仕事は補助金獲得や許認可のために上京すること、と言っても過言ではない。近頃では、名古屋にある国の省庁の地方局に赴き、その足で磐田を素通りして上京することも多くなった。内心、権限と財源を与えられれば、自分達でも出来ることは多いと思いながら。

戦後60年の日本の発展・繁栄を担ってきたシステムは中央集権・官主導であった。このシステムが大きな成果を上げたことは正当に評価しなければならない。しかし制度が行き詰まり、破綻しかけていることは誰の目にも明らかである。

これからは、中央の統制よりも地方の自由な創意工夫、民に出来ることは民間に移譲することによる小さな政府で、新たな日本の繁栄を展望すべきだ。このような、パラダイムの歴史的な転換を推し進めているのが「小泉改革」だと思う。

磐田市臨時行財政改革推進会議の中間答申の際、私は会長から次のようなことを言われた。

「磐田市は活力ある発展性を秘めたまち。民間企業でも、いち早く改革に取り組んだ企業が現在勝ち組となり繁栄している。磐田市も思い切った改革に取り組み、都市間競争に打ち勝って、磐田モデルといわれるような都市繁栄・発展の事例となってほしい」

磐田モデルといわれるような都市経営をしてみたい。そして子供や孫に誇りを持って私達の故郷を引き継ぎたい。その為には、是非とも地方分権が必要だ。改革の灯を消してはならない。中央から地方へ！　官から民へ！　の旗の下、自分も全力で頑張るつもりだ。

□市長プロフィール□

1949（昭和24）年静岡県磐田市（旧豊田町）生まれ。一橋大学卒業後、厚生省入省。在サンパウロ日本国総領事館領事、厚生省生活衛生局指導課長等を経て、磐田市長選に立候補。草の根型の理想選挙を目指したものの落選。しかし、初志貫徹で1998（平成10）年8月から磐田市長に就任（2期6年）。2005（平成17）年4月の新磐田市誕生により初代の新磐田市長に当選。あだ名は「スッポン」、食いついたら諦めない。

静岡県　磐田市

□愛知県　一宮市□

拝啓　小泉首相様

一宮市長　谷　一夫

2001（平成13）年の小泉首相の誕生、そして今回の総選挙の結果、55年体制は終焉の時を迎えたといわれています。これは、人口も経済も上り坂から下り坂にギヤが切り替わり、新しい社会体制が求められる今、政治改革に対する国民の大きな期待の表れであり、歴史の必然かもしれません。

さて、私は1999（平成11）年1月に市長に就任しました。就任前は、政治・行政とは無縁の世界であります開業医（専門は外科）として、患者さんと向き合い医学治療に専念をいたしておりました。あわせて市医師会長職に就任しておりましたところ、前市長（現神田愛知県知事）が退任されたことにより、関係各方面よりお話をいただき市長への転職に至りました。

市長としてはじめて市役所に足を踏み入れるに当たって、私は「決して市民の目線を忘れない」ことを強く自分に言い聞かせました。この気持ちは、7年経った今も、片時も忘れたことはありません。

初めての行政というものには驚きの連続でした。改革しなければならないことが一杯あると思いましたが、日本人のメンタリティーにはハードランディングは馴染みません。行政の手法も同様で、外科的手法では

児童と給食を共にする谷市長（ふれあい交歓給食会にて）

なく、気がついたら病気が良くなっていたという、漢方薬のような治療をすることが理想でした。しかし、志と違ってメスを振るわざるを得ない場面が数多くでてきました。今は、気長に改革を進めるという時代ではなく、英断を持って時に応じた改革をしなければならないケースがほとんどであります。

また、国や県との関係も大きな驚きでした。がんじがらめになった仕組みの中でいくら頑張っても限界があると思い始めたとき、構造改革路線を掲げた小泉首相が誕生しました。それは１９９３（平成５）年の細川政権誕生以来、忘れていた感動を与えてくれました。細川首相にかけた期待は見事に裏切られましたが、もう一度小泉首相にかけてみようと思い、「改革の灯を消すな市長の会」にも参加させていただきました。

道路や郵政という自民党のいわば土台を揺るがすような領域に対する改革への取り組みは、結果的にはかなり骨を抜かれることになりましたが、小泉首相でなければこの半分もできなかっただろうと思い私は評価しています。

この文章を書いている２００５年（平成17）年11月14日は、首相官邸が三位一体改革で地方への税源移譲のため、各省に割り当てた補助金削減額への回答日でありました。各省の回答は極めて不誠実で、不満足なものと言わざるを得ません。各省が本気で改革に取り組むつもりがあるのか、霞ヶ関の壁の厚さが障害になっているのかと溜息をつきながら、官邸のリーダーシップが見事に発揮されるのを待つのみの心境です。そして、来年９月までに小泉改革がどこまで進むのか、ポスト小泉がどうなるのか、本当に心配です。

霞ヶ関のお役人や国会議員の皆さんには、私たち地方行政に係るものが小さな改革を積み重ねながら、より効率的で上質な行政サービスの提供に努めている姿をよく見てほしいものです。そして私達を信頼し、私達が希望する権限と財源を１日も早く与えてもらいたいと切望します。

最近テレビで拝見する小泉首相は、以前と比べると随分お疲れのようにお見受けします。今回の選挙では多くの国民の期待が票となって現れました。我々市長も期待し、応援しています。

どうか三位一体改革を見事に仕上げ、ポスト小泉に向けてしっかりとレールを敷いて下さるよう、心からお願い申し上げます。

□市長プロフィール□

１９４１（昭和16）年愛知県一宮市生まれ。名古屋大学医学部卒業。１９７４（昭和49）年一宮市にて開院。１９９８（平成10）年から一宮市医師会会長。１９９９（平成11）年から一宮市長（現在２期目）。

□愛知県　犬山市□

求められる自治体の標準装備

犬山市長　石田芳弘

第１回犬山ＭＴＢフェスティバルに出場した石田市長（中央）

2005（平成17）年9月執行の衆議院議員総選挙に於いて、「マニフェスト」は完全に市民権を得た。

小泉総裁率いる自民党は、120項目を網羅した「自民党の約束　自民党　政権公約2005　～改革を止めるな～」としたマニフェストを発表し、「郵政民営化こそ、すべての改革の本丸」と、争点を郵政改革一本に絞って有権者に訴え、大勝した。

私は、この選挙から学ぶことは大きくいって二つあると考える。もちろんひとつは、新しい選挙文化時代の到来であり、マニフェストそのものの重要性が認識されたことだが、もうひとつはマニフェストが行財政改革の重要なツールのひとつだということだ。国民との契約に基づきトップダウンで行財政運営を展開することで、行財政改革のスピードを加速させる。

しかし一方、地方自治体における行財政改革の推進にはマニフェストだけでは不十分である。

国は今、760兆円を超える借金を抱えている。これは、国民1人当たりおよそ600万円になり、世界の先進国の中でも有数の「借金大国」であり、瀕死の状況にあるといえる。

国主導の地方自治は制度疲労を起こしつつあり、今後、地方自治体は地方自治の本旨である団体自治、住民自治の実現に向け、国に頼ることなく自主自立の分権社会を創る必要がある。

三位一体改革の推進など、知事会や市長会で構成する地方6団体が国に対して正面から議論したことや小泉首相が地方の意見を真摯に受け止め改革を推進していることなどに象徴されるように、地方分権の流れはますます加速しており、時代は大きく変化している。

こうしたなか、私たちのまち犬山市も地域の特性を生かしたまちづくりを一層推進し、「地域間競争」ではなく「地域の共演」による豊かなまちづくりを進める必要がある。

地域の特性を生かしたまちづくりを一層推進するためには、犬山市をはじめそれぞれの自治体が自立することが基本であると考える。中央大学大学院の佐々木信夫教授は、自著『地方は変われるか』（ちくま新書）のなかで、今後の分権時代には、地域の政策主体となれる自治体が求められ、そのために標準装備すべき政策手法が6つあると述べている。

その政策手法とは、

1 情報公開
2 行政手続き
3 政策評価
4 IT化
5 自治基本条例
6 バランスシート

であるが、犬山市においては6つの要件の内「情報公開」、「行政手続き」、「政策評価」、「IT化」、「バランスシート」の5つについてはすでに条例を制定していたり、制度の導入を図っている。残りの一つ、

「自治基本条例」についても、「犬山市の憲法を検討する会」を設置して2006(平成18)年中を目途に策定を進めている。

さらに本市は、佐々木教授が示した6つの要件に加え、

7　市民活動支援
8　指定管理者制度
9　環境基本条例
10　マニフェスト
11　景観条例

も「(本市に)求められる自治体の標準装備」ととらえ、条例の制定や制度の導入を図っている。

本市における具体的な取り組み状況の概要は次のとおりである。

1　情報公開
「犬山市情報公開条例」……1999(平成11)年4月施行

2　行政手続き
「犬山市行政手続条例」……2000(平成12)年6月施行

3　政策評価
「行政評価（事務事業評価）システム」……2003（平成15）年度から導入

4　IT化
「電子申請・届出システム」……2005（平成17）年1月運用開始

5　自治基本条例
「犬山市の憲法を検討する会」……2005（平成17）年7月設置
2006（平成18）年中を目途に策定中

6　バランスシート……2001（平成13）年より実施、公表

7　市民活動支援
「犬山市市民活動の支援に関する条例」……2002（平成14）年4月施行

8　指定管理者制度
「犬山市公の施設に係る指定管理者の指定の手続等に関する条例」……2005（平成17）年6月施行

9　環境基本条例
「犬山市環境基本条例」……2002（平成14）年4月施行

10　マニフェスト……2003（平成15）年4月犬山市長選挙にて実施
2005（平成17）年4月マニフェスト事業進捗状況について第三者評価を実施・公表

「犬山市ローカル・マニフェスト作成の支援に関する要綱」……2005(平成17)年6月施行

11　景観条例

「犬山市都市景観条例」……1993(平成5)年4月施行

景観行政団体……2005(平成17)年3月

結びにあたり、行財政改革は国ばかりでなく地方自治体においても喫緊の課題である。今後も、真に自立した自治体運営を進めるため、マニフェストをはじめ「求められる自治体の標準装備」をさらに充実・強化し、徹底した行財政改革を進めなければならない。

□市長プロフィール□

1945(昭和20)年愛知県犬山市生まれ。同志社大学商学部卒業。国会議員秘書を経て1983(昭和58)年から愛知県議会議員を3期。1995(平成7)年4月から犬山市長(現在3期目)。現在、地方からの教育改革に積極的に取り組むとともに、国宝犬山城の城下町再生やローカルマニフェストの推進などにも力を注いでいる。

□愛知県　津島市□

「行政経営」津島市の新たな改革

津島市長　三輪　優

私が津島市長に就任した2003（平成15）年度は、ちょうど「第3次津島市行政改革」の最終年次であり、2004（平成16）年度以降の取り組みについてさまざまな議論を行い、これまでに引き続く「第4次行政改革」には移行せず、新たな視点での取り組みを行うため「行政経営システムの構築を目指す」とする基本的な方向付けをしました。

「行政経営」を進めるための基本事項として、納税者・市民の目線、簡素効率、成果主義、権限委譲・分権化、説明責任、パートナーシップを掲げ、「行政評価を軸とした自治体マネジメント」と「地域自治に基づく地域マネジメント」をシステムの2つの柱として中長期的に「津島市の新たな改革」を進めていくこととしたものであります。

おりしも、2004(平成16)年度の当初予算編成において、国の三位一体改革により、突然、地方交付税や臨時財政対策債の大幅な削減が決まり、急遽査定をやり直し、可能な限りの歳出削減を行いましたが、一般会計予算約180億円の本市で、なお、8億円を超える収支不足が生じることとなり、止むを得ず財政調整基金の取り崩しなどにより穴埋めを行い、なんとか予算調整を行いました。

このことを契機に将来の財政運営への不安が急速に高まり、これまでのような短期的、一過性の行政改革でなく、5年、10年の先を見た厳しい見通しでの改革の必要性を痛感し、すぐさま庁内に「財政改革プロジェクトチーム」を設置し、全庁的な取組みを始めました。

2004(平成16)年度に入り、「財政改革プロジェクトチーム」の最初の取り組みとして、職員自らの意識の持ち方が重要でありますので、職員個人や各部課から改革提案を募集し、プロジェクトチームで継続的に審議していくこととし、一方で、職員給与の臨時的な削減措置として、3年間、給料月額等の2~5パーセントをカットすることを決定し、6月議会において条例改正を行い、7月から削減を行いました。

また、2003(平成15)年度決算や普通交付税の算定結果を基に中長期の財政見通しを策定したところ、2、3年後には赤字となり、さらに数年後には財政再建団体に転落しかねない大変危機的な状況であることが判明し、「市民の痛みを伴う改革も止むを得ない」との考えを固め、市民の参加を得た「財政改革推進会議」を２００４（平成16）年10月に設置しました。

「財政改革推進会議」が始まると、委員からは「職員の給料が高い、職員の数が多すぎる」「税収を上げよ」「無駄な補助金を止めよ」「市民病院の経営改善に努めよ」など想像以上に多岐にわたり、厳しい意見が出され、約８か月に亘る会議を経て２００５（平成17）年６月２日に「津島市財政改革への提言」が提出されました。

この提言については、早速議会や市民に報告・公表するとともに、すぐさま「財政改革行動計画」の策定を行い、去る８月31日に記者発表し、ホームページや市広報により市民に公表しました。

計画期間は10年間としました、これは２００７（平成19）年度から始まる「団塊の世代」の大量退職が、当市の場合２０１６（平成28）年度まで続くことや実質的な黒字財政の実現までに期間を要するためであります。

計画期間内の削減目標額は約94億円で、当市の一般会計予算の半分を超える大きな数値であり、また、計画の柱となる職員定数の削減は病院職員を除いて１４８人で、現在の職員数を４分の３以下とする大幅な削減計画としました。

定数削減計画策定のため、公の施設について抜本的な見直しを行い、指定管理者制度の活用などによる民間委託や民間移譲も積極的に進めることとしました。

市単独補助金も23件廃止し、45件を半額以下とすることとし、また、市単独扶助費についても９件廃止し、2件縮減することとしました。

大変辛い決断でした。

なお、今は、あれも、これもという時代ではありません。防災、歴史文化の継承、次世代育成など分野を絞り、重点的に実施していくこととしました。

財政改革はまだ計画を策定しただけに過ぎません。これからの条例改正、予算編成により、一歩一歩着実に実現していかなければなりません。

また、市民病院をどうしていくのかなど、残された課題への対応も急いで行わなければなりません、アスベスト問題など新たな課題への対応も必要です。

私もそして職員も、この改革への取り組みを通じて、次の世代で夢を持てる、スリムで筋肉質の市政を目指して、さらなる改革を進めていきたいと考えております。

□市長プロフィール□

1940（昭和15）年岐阜県揖斐郡生まれ。1963（昭和38）年3月、名古屋大学法学部卒業。1996（平成8）年4月、愛知県農業水産部長に就任。1999（平成11）年4月、財団法人愛知県中小企業振興公社理事長に就任。2002（平成14）年4月、津島市助役に就任。2003（平成15）年5月から津島市長。

□京都府　綾部市□

改革のとき――地域にいて日本を想う

綾部市長　四方八洲男

2001（平成13）年に小泉内閣が誕生した直後、私はA新聞に「拝啓小泉総理大臣殿」という一文を投稿した。見事に没（不採用）になった。その原稿をここに抜粋してみる。

「小泉総理大臣、失礼ながらあなたは今、石を投げられたら、あっという間に壊れてしまうガラスの服を着て戦っておられるのではないか、そんな気がします。あなたの改革の志を私は強く支持します。だからこそ早く壊れては困る。新幹線の強化ガラスでないと困るのです」

「そのために改革の意思を共にする国会議員を陰に陽に糾合すべきではないですか。官僚の中にも真に国民のために汗を流そうとする改革派集団をつくるべきではないですか。そしてこれが肝心です。全国の地方自治体の首長や議員に改革の中味を提起し賛同を求めるべきではないですか。世にあなたの人気を利用しようとする人は多くても、自らの首をかけて改革の矢面に立とうという人は少数でしょう。しかし、その少数さえも糾合し組織し得ないならば、小泉内閣は極めて短命に終わるでしょう」

「確かにこれまで地方は口をあけ餌を待つ雛鳥でした。しかし、地方分権法が成立し多額の借金を前

あやべ産業まつりで、空山グループ（営農組合）の皆さんと

に否応なく改革を迫られている地方自治体は、自ら足を動かし羽ばたこうとしています。こういう地方自治体と積極的にスクラムを組んでほしいのです」

この原稿が没になった後、言うだけではいけない、せっかくの小泉改革を支えなければと「改革の灯を消すな市長の会」を臼杵市の後藤さんや羽咋市の本吉さんや多久市の横尾さんと一緒に呼びかけた。

そしてもう4年になる。ガラスの服を着ていると思った小泉内閣は続いている。続いているどころか9月の総選挙を経て圧倒的な力を有している。何故か。行財政の未来に閉塞感を覚え希望を失った国民が、改革の継続を望んだからだ。自民党をぶっ壊してでも改革をするという小泉総理を本物の改革者として強く支持したからだ。こうした中で族議員が鳴りを潜め、そのうち改革派政治家として見事に変身しつつある。否応なく滝つぼの前に立たされた地方自治体もその寸前で踏みとどまり、改革に向かって大きく舵を切りつつある。

明治維新の時の戯れ歌に「散切り頭を叩いてみれば文明開化の音がする」というのがあるが中央にしろ地方にしろ、この時代、刀を置き、ちょんまげを落として新しい時代を切り拓いていかねばならないという意識が高まりつつあるのだ。かなりのスピードで時代が人を作りつつあるのだ。この時を逃してはならない。しかし同時に、一方では抵抗勢力がどういう部分であるか、これもはっきりしつつある。

選挙で民意がはっきりして小泉内閣の方針として提示されてもなお、平然と既得権を守る大集会を組織する政と官の集団だ。この根っこを掘り起こし断ち切らなければ、また悪しき族政治、官僚政治に後戻りする。後戻りしないためには、補助金削減、税源委譲の改革の中で、官僚もまた地方自治体に積極的に移動することが必要ではないか。「ふるさとへ帰って地方分権を担う」帰郷運動を進める必要があるのではないか。

と同時に1円を大事に使うために行財政改革をやり地方分権を担っている地方自治体の役所と議会が小泉構造改革に呼応し先駆的な役割を果たさなければならない。総論賛成、各論反対の地域セクト意識に埋没せず、積極的に改革を進めて行く勇気と情熱を持つべきではないか。2006(平成18)年9月まで自らの任期を切って平成の大改革を促す小泉総理の覚悟を我々もしっかりと受け止め共に立ち上がり続けるべきではないか、と思う。

綾部市は合併せず単独でいくことを決めている。

京都府　綾部市

①きびしい財政の中、せっかく始まった意識改革を止めてはならん。
②病院から火葬場まで何でもひと通りそろった施設の利活用を図ろう。
③各種ボランティア活動や外部委託などをはじめ、職員と市民の協働事業をさらに進めよう。
④そして、「入るを計る」ための産業振興を徹底して進めよう。

財政の脆弱な綾部市が単独で進む道は、決して平坦ではない。しかし、知恵を絞り、市民と協働し、匍匐前進、明るい未来を切り拓いていくことこそ、地方分権を我が物とし、地域から国を変える自信につながるのではないか。まさに、難有り、有難し、なのである。

地域に足を付け日本を想う「改革の灯を消すな市長の会」に参加の皆さんのみならず、改革の志を共にするすべての市長の皆さんとの更なる連帯と共同の行動を期待するものである。

□市長プロフィール□

1940（昭和15）年兵庫県西宮市生まれ。京都大学経済学部卒業。三菱重工入社。解雇をめぐり8年間の仮処分裁判、1勝1敗の後和解。38歳で綾部市に戻り、1978（昭和53）年から綾部市議会議員を2期。1987（昭和62）年から京都府議会議員を3期。1998（平成10）年から綾部市長（現在3期目）。

□京都府　京丹後市□

市民をど真ん中に

京丹後市長　中山　泰

市政懇談会「市民協働による共創のまちづくりに向けて」

「市役所を〝市奉仕所〟にしたい」。これは、私の最初の市長選挙のときにたびたび言った言葉である。市民をど真ん中に。そして、皆で喜びと笑顔にあふれる「まほろば」を築き創る手助け、奉仕がしたい。「まほろば」とは、いうまでもなく人々や生きとし生けるものの理想郷のことだ。仏国土、地上天国、陽気ぐらし、みろくの世……それぞれのお立場でいろんな言い方はあるが、実質は同様であり、呼び方は実質ではない。周囲の環境、地球環境と調和しながら、互いに支えあい、助け合って、また高め合う。一人ひとりが真ん中に座って、生きる喜びにますます溢れ、一層の繁栄と発展を皆で創り築いていく、そんな地球社会、地域社会である。そして、市役所は、もちろん国、都道府県等の公務所なども含め、地球社会や地域社会がそこへと道を進んでいくことを、お支えし、ときに先導して、精一杯に「奉仕」するということ、そこに役割がある。もとより、人の幸せと言ったって、人それぞれに価値観が少しずつ異なり、人生観、社会観も異なるわけだから、理想郷のあり方、理想郷としての包み方も多様である。ただ、忘れてはならないのは、私たちが携わる政治や行政の原点は、そこにある、そこにしかない、ということだ。冒頭、書生っぽくあえて触れたが、まず市民をど真ん中にして、「まほろば」を見据えたい。

京丹後市は、2004(平成16)年4月に、京都府丹後半島の6つの町が合併してできた人口約6万5千人、面積約500平方キロメートルの広大なまちだ。豊かな観光と自然環境にあふれ、新しい時代にふさわしい魅力や恵みの原石がいくつも、いくつもある、そんなふるさとである。しかしながら、今はまだ合併したばかりで、市民には期待と同時に多少とも不安も混じる。大都市圏から遠方に位置し、高齢化も進み、また、民間産業も全体として十分に育っていないのが現状だ。他方で、行財政事情は厳しく、大胆な改革が不可避である。このような中で、都市圏のような民間の集積、活力がまだまだ十分ではないため、行財政運営上の工夫がなければ、産業の活性化、福祉の向上は、今のままでは難しい。型通りの財政出動で産業・社会の活性化のために将来に更にツケを重ねるか、はたまた行財政の改革をとるか。「活性化」か「改革」か、この一見、悩ましそうな二律背反の課題を前にして、大切なことは、政治・行政の原点に返ること。それゆえ当然、市民をど真ん中に。市民がど真ん中に座り、市民本位の、市民の皆の協働による共創のまちづくりをスタートさせたい。

このため、就任以来、まず、市民の声を幅広く、そして直接的に受け止めるための「ご意見箱」の設置、市内旧6町庁舎まで移動して市長室を設置し市民の居地で意見交換をする「開放市長室」や、市民の要請があれば市役所職員が現場に出向いて意見交換をする「出前講座」の実施など、多様な層の市民の皆さんが手間や気がねなく気軽に声を発していただけるよう、居地、職場など市民生活の現場から容易に発信でき、声を受けることができる仕組みづくりに腐心した。そして、産業・社会の活性化には昨今、生活者・消費者の視点がますます重要であるが、それゆえにも、高齢化が進み若者の雇用の場も十分でない当地には、女性の積極的な社会進出、男女共同参画の推進が欠かせない。また、ますます多くの若者が住み働けるよう、青少年、若者の意見によく耳を傾け、若者とともに将来のまちづくりを考えていく姿勢も特に大切である。さらには、今後の自律的発展の上で、当地出身の大都市圏居住者や近隣の市・町と力を合わせ、日本全国に魅力を発信できるまちづくりが求められている。このため、例えば、行政には審議会がつきものであるが、「半分は女性委員」を基本とし、役職指定もあるので完遂はできないが、当市の女性委員登用率はまず4割まですることができた。そして、市の将来の道筋を定める重要な総合計画を策定する過程では、市内の3つの高校に直接出向いて若者と大いに意見交換を行い、また、全ての中学校で生徒と市の職員とで意見を交わしたところである。市内在住者のほか、見識・経験を持つ市出身の大都市圏居住者や近隣市町の市民にも審議会など市政の場に参加してもらい、活発な検討を行ってもらっている。

そして、市民生活に大きな影響を与える予算編成の過程では、予算編成の各査定過程を市のホームページで常時開示するとともに、予算編成案が策定された段階で、一旦、各自治区に対して内容を開示して、特段の意見があれば承り、最後の最後まで市民の声とともにするシステムを開始した。老若男女、市内外を問わず多くの市民の皆さんにどんどん市政に関心をもってもらい、市政に積極的に参加してもらえることを心から望んでいる。

このような仕組みはまだ始まったばかりで、本当の成果はまだまだこれからである。また合併3年目、市民とともに取り組み始めた成果を、ひとつずつ産業や市民生活の向上のための具体的な施策として本格的に推進していく時もようやく来つつある。もっともっと、何より皆で心をともにしながら、市民本位のまちづくり、皆の知恵と工夫が生きるまちづくりに一層努力していきたい。そして、これによって初めて、「活性化」と「改革」をともに進展させることが可能となる。当市には、二つの国立・国定公園に指定される美しい海岸、山野には北近畿最大級の規模のブナ林や宝庫の薬草、豊富な泉源に恵まれた温泉、日本一おいしいと評価される丹後米、ブランド化されつつある間人ガニなどのたわわな農林水産物、日本一の絹織物生産量を誇る丹後ちりめん、古代ものづくりのふるさとに起源する機械金属生産、そして「古代丹後王国」の輝かしい歴史遺産や多くの伝説、などなど、新しい時代に求められる魅力や宝を本当にふんだんに有している。喜びの材料は、気付かないだけで、足元や周辺にいつもたくさん用意されているものだ。市民の皆さんがど真ん中に座って、どこにもまけない、笑顔と喜びにあふれる「まほろば」の創造を目指していきたい。

□市長プロフィール□

１９６０(昭和35)年京都府京丹後市峰山町生まれ。京都大学経済学部卒業。総理府・総務庁入庁。総務庁行政管理局副管理官、沖縄開発庁長官秘書官、経済産業省大臣官房企画官兼製造産業局人間生活システム企画チーム長・デザイン政策チーム長、内閣府総合規制改革会議事務室次長を経て、２００４（平成16）年から京丹後市長（現在１期目）。

□大阪府　藤井寺市□

行財政改革に対する私の思い
——職員の意識改革とともに自治意識の醸成も必要

藤井寺市長　井関和彦

私の行財政改革にかける思いを述べさせて頂く前に、本市の概要などについて簡単にご紹介させて頂きたいと思います。

藤井寺市は、大阪平野の南東部、緩やかな起伏をなす羽曳野丘陵の北端に位置し、北部を大和川、東部を石川が流れ、金剛・二上・生駒の山並みを望む、風光明媚なまちで、地形的には市域のほとんどが平坦地で、市域面積は８・８９平方キロメートルと大阪府下で最も小さい市です。

人口は2005（平成17）年3月末現在6万6489人で、都市の性格としては、就業・通学者の約6割が大阪市などに通っている典型的な住宅都市であると同時に、古市古墳群や由緒ある神社仏閣など、数多くの歴史資産を有する歴史都市でもあります。

2004（平成16）年10月に中国西安市で藤井寺市出身とされる遣唐留学生「井真成」の墓誌が発見されたとの報道を契機に、「井真成」を新たな「歴史都市ふじいでら」のシンボルとして、市の活性化に繋げていこうとする「井真成市民シンポジウム」の開催などの市民活動の機運が高まっております。この機運の高まりを受けて、市関係部局の横断的な庁内体制の整備を行うとともに、商工会、観光協会、各種団体などを構成メンバーとする実行委員会を組織し、大阪府並びに関係団体と緊密な連携を保ちながら、資金面においても、市民や志のある方々からの寄附や都市再生プロジェクト推進調査費（国庫）の活用など、官民協働で、2005（平成17）年12月に市立生涯学習センターにおいて、「井真成墓誌里帰り展示」を開催し、全国から1万人を超える来場者がありました。今後とも「井真成」を藤井寺市のシンボルとして定着させる取組みを官民協働で進めてまいりたいと考えております。

政府は「経済財政運営と構造改革に関する基本方針2005」において、わが国の経済は、いまだ緩やかなデフレが継続し、地域間の回復力にばらつきがみられる等の課題があるものの、日本経済は〝バブル後〟と呼ばれた時期を確実に抜け出したとしております。

しかしながら、多くの地方自治体の財政状況は依然として極めて厳しい状況にあります。

本市では、行財政改革の取組みとして歳出面では、予算編成方法の見直し、定員削減や給与カット、事務・事業の効率化や業務改善を通じた歳出の削減、将来のビジョンを踏まえた公共工事などの投資の選択と徹底して無駄を省くことによる投資額の抑制、施設管理公社の活用による公共施設の管理経費の削減、単独扶助費の見直しなどによる扶助費の抑制などの歳出削減の取組みを行い、歳入面では、適切な受益者負担の導入、使用料、手数料の見直し、市税をはじめとする徴収金の積極的な徴収率向上対策などの取組みを行ってきましたが、三位一体の改革による歳入の大幅な減少により、これまでの行財政改革の効果が相殺されるような結果となっております。また、歳入の基本となる市税が減収傾向にある一方、住民の高齢化や成熟化による公共サービスへの要求の多様化など必要となる経費は膨らみつつあり、従来の行財政改革の手法では、財政収支のバランスをとることが非常に困難な状況となっております。

真の地方分権化は、国の過度の関与・規制の撤廃や地方への権限の移譲と財源保障（税源移譲）が行われることによってはじめて達成されるものであり、今後、国に対して確実な税源移譲、公共工事に係る国庫補助負担金の一般財源化、地方の自主性・自律性を阻害するような関与・規制の撤廃をあらゆるチャンネルを通じて働きかけを行ってくとともに、「改革は地方から」の気概をもって、自主・自律の信念のもと、地域社会の発展と住民の視点に立って、事務・事業の実施の効果に着目した既存の事務・事業も含めたゼロシーリングからの「選択と集中」を行うなど、決意を新たに、自らが先頭に立って、全職員と危機意識と改革意欲を共有し、ニュー・パブリック・マネジメントの考え方も取り入れながら、抜本的な行財政改革を実行していきます。

実効性のある行財政改革の推進を行うためには、個々の職員の意識改革はもちろんのこと行政サービスの受け手である住民もすべてを行政に依存するのではなく、「自分たちで出来ることは自分たちでする」、「自分達のまちは自分達でつくる」といった自治意識の醸成も必要となってきます。

職員の意識改革については、職員提案制度をはじめとして、2005（平成17）年11月には、首長と職員との垣根を取り払って、行政課題について職員グループと本音で議論を行うといったフラット・フリー・トーキング制度の創設を行い、さまざまな議論を行っております。ちなみに、第1回目は偶然にも「職員の意識改革について」というアップデートなテーマで、侃侃諤諤《かんかんがくがく》の議論となり、職員の意識が変わりつつあるのを実感すると共に頼もしく感じる時間を過ごしました。ただ、この制度の担当課の話では、順番待ちの職員グループが多すぎてスケジュール調整が大変であるとのぼやきも出ております。また、都市整備部や水道局の中堅職員が中心となって自主的に公共工事のコスト縮減を計画的に行っていく取組みが始まっております。このように職員の一部には、意識改革の芽生えはあるものの残念ながら全庁的な広がりにはなっていないのが現状です。今後も職員の改革意欲とチャレンジ精神を醸成するような取組みを行っていきたいと考えております。

住民の自治意識の醸成については、市民と行政の協働の土壌を醸成することを目的として『情報の泉～聞いてトク！　見てトク！　ナットクふじいでら講座～』というネーミングで、職員が地域に出向き、市の情報を提供し、市民とともにまちづくりを考えるいわゆる出前講座を行うべく、鋭意、庁内体制の準備を進めるなどの取組みを行っております。

最後に、住民団体による主体的な公共サービスの提供事例として、本市区長会で取組んでおります自主防災組織結成の取組みをご紹介して結びとさせて頂きます。

本市区長会では、災害時の重度障害者や要介護高齢者の安否確認制度を2001(平成13)年9月から実施し、活動を行ってきましたが、2004(平成16)年3月にこの制度を更に充実し、地域で支える安心ネットワークをより強固にするため「自分達の街は自分達で守る」という意識で藤井寺市自主防災会ネットワークを立ち上げ、市内45地区を7小学校区ブロックに分け、地域の自主防災活動を積極的に進めています。

私としては、このような地域の自主的な取組みを誇りに思うとともに積極的な支援を行うなど、地域の力を結集する仕組みづくりを行っていきたいと考えております。

□市長プロフィール□

1943(昭和18)年大阪府藤井寺市生まれ。私立成器商業高校卒業、1963(昭和38)年柏原羽曳野藤井寺消防組合消防士拝命、1986(昭和61)年より同消防長を務める。1998(平成10)年に同職を退職後、1999(平成11)年4月藤井寺市長選挙に立候補し初当選、同年5月より現職(現在2期目)。

□兵庫県　稲美町□

しがらみをもたず、勇気をもって改革に挑戦

稲美町長　赤松達夫

西オーストラリア州政府首相と（右）

今、時代は成長社会から成熟社会に、人口増加社会から人口減少社会へと大きな流れの真只中にあり、その舵取りには極めて重要な節目を迎えているといっても過言ではありません。

社会の仕組みや取り決めのすべては経済の成長や人口の増加を前提に設定され、そのことが当然のことのように、人々の頭の中に焼きつけられてきました。

それが経済の低成長と少子高齢社会というこれまで経験したことのない事態に直面

したわけです。右往左往し、混迷を極め、はては改革勢力と守旧勢力の戦いにまで発展しているといったところでしょう。

私は、この議論のなかで、大きく抜け落ちている、いや、見失っているもの、もっと厳しい表現を用いるならば、わかっていながらしないもの、それは住民すなわち生活者の視点を中心に据えるという主権在民の考え方であると思います。

このことが理解できれば、解決すべき方向づけは自ずから容易であることは、言うまでもありません。それは、時代の潮流をキャッチし、それにふさわしい戦略と戦術を確立していくことだと考えます。そうは言っても、現実はそう甘くはありません。過去のモノサシを改め、新たなものを創設するということですから、既得権益集団や利益誘導団体の抵抗にあうのは当然のこととして起こってきます。それを克服できる道は、しがらみをもたず、改革を進める勇気とチャレンジ精神しかありません。

国において、持続的な経済社会の活性化をめざして、各分野にわたる構造改革を推し進めており、中央集権体制から市町に権限と責任をもたせる地域主権（地方分権）体制へと大きく変化をしてきております。正に従来の尺度は通用しないということです。即ち、新たな仕組みをつくらなければ、生き抜いていけない時代です。

私はこれからのまちづくりにおいて、その基本とするところは、住民と行政が協働してまちを治める「協治」であると考えております。

住民と行政が対等・協力の関係を築き、協働方式で行政運営を進めていかなければなりません。そして地域主権が進みますと、地域の特性を最もよく知っている市町が自らそれらを活かしたまちづくりを基本とし、いかに魅力あるまちをつくるか否かで、その地域の盛衰が決まることとなります。そして市町間競争の時代に入ります。

ところで、現在、全国で市町村合併が進んでおりますが、ここ稲美町では合併せよとの声は殆どなく、出来れば独立で運営してくれとの意見が多いので、その方向で進めております。しかし、そのためには、財政面で相当の我慢を強いざるを得ないことになります。合併はしないでほしい、改革もして欲しくないとの声がありますが、このようなことは神技をもってしても不可能だと思います。誠に勝手な理屈としか言いようがありません。

そこで、地方分権を迎えて稲美町では、まちの憲法ともいうべき〝まちづくり基本条例〟を現在策定中です。まちづくりの基本理念を明記して、輝く「自治のまち」を目指しております。

また財政面ですが、一般会計予算は約100億円で、2002（平成14）年度末の財政調整基金（貯金）は、約14億円でしたが、改革をせずにそのまま推移しておれば、毎年2億余円減少し、2012（平成24）年度には財政破綻に陥る見通しでした。

これを回避するため、2004（平成16）年3月に「稲美町行財政改革大綱」を策定し、約21億円の削減を現在進めております。また、町の事務事業すべてを洗い出しますと、事業は738項目あり、行政がすべきものと民間に委ねるものとを整理しました。このうち、387項目は民間（企業・NPO・ボランティア・住民等）に担ってもらうこととし、民間への委託を順次進めております。職員数の削減ものこの一環で取り組んでおり、現在の206人から10年後には150人を目標としております。

また、入札改革では、2002（平成14）年度から3年間で36億円の削減、収入役の廃止、特殊勤務手当等の職員厚遇の見直し、組織・機構では、8部から5部に再編、チームリーダー制の導入、人事考課に基づく成果主義の導入、ISO9001の認証取得、職員の意識改革など、公平性と効率性を追及し、税のムダ遣いを排除し、情報公開・提供・共有を徹底して行うなど行財政改革を進めております。

また、特色ある事業として、35人程度を上限とする少人数学級制の開始、幼稚園・小学校に英語活動指導補助員として外国人助手の配置、健康づくりのための健康支援員制度の創設、健康づくり施設の建設、播州葡萄園の国指定史跡の指定、防犯灯の全域設置、住民による防犯パトロールの実施などに取り組んでおります。

私は「改革の灯を消すな市長の会」に町として唯一参加させていただいておりますが、これからもメンバーと心をひとつにして、真の地方分権社会に向けて、地域から日本を変える気概をもって時代に即した行政運営に当たっていきたいと考えております。

□町長プロフィール□

1941（昭和16）年兵庫県稲美町生まれ。関西大学経済学部卒業。1964（昭和39）年兵庫県入庁、1994（平成6）年兵庫県東播磨県民局長、1996（平成8）年兵庫県福祉部長、1998（平成10）年兵庫県部長。2002（平成14）年6月から稲美町長（現在1期目）。

□岡山県　総社市□

持続可能な自治体を目指す

総社市長　竹内洋二

総社市は、2005（平成17）年3月に総社市、山手村、清音村が合併し、新市としてスタートを切った。吉備文化発祥の地と言われ、桃太郎伝説の由来の古代山城《やまじろ》・鬼ノ城《きのじょう》や、備中国分寺、画聖・雪舟が修行した宝福寺など、史跡・文化財の多い伝統のあるまちである。

合併して市職員は640人に増え、借金総額も559億円となった。一般会計予算が230億円～250億円。特別会計を合わせても500億円弱の規模としては、徹底した行財政改革が急務である。

岡山県には、山田方谷《ほうこく》（松山藩）という幕末に活躍した立派な経済学者を兼ねたリーダーがいた。たった8年間で、10万両の借財を返済して産業を振興し、さらに10万両の余剰金まで出した傑物である。方谷は、理財論の中で「総じて善く天下の事を制する者は、事の外に立って事の内に屈しないものだ」との教訓を後世に残している。この教訓を基本に、最小の経費で最大の効果が上がるように、すべてを見直していくつもりである。

入るを図って、出ずるを制する――。歳出は抑えてサービスは向上させる。

岡山県　総社市

官から民。民間委託の方が、安くつくものが多いが、合併して職員が１００人増えたので、当分の間、増えた職員を有効かつ最大限に活用していく。直営体制による最大のサービスをめざしたい。

将来的には、ローコストのスリムな市役所に変えていく。そして、これからの10年間、団塊の世代が卒業し、約２００人の職員が退職していくので、１８０～２００人の削減が可能になる。

さらに、次の10年間の削減と合わせれば、正規職員は３００人以上の削減となり、職員数は３４０人となる。善通寺市の宮下市長さんは、「人口５万人以下の自治体は、職員数（消防・幼稚園も含めて）は０・５パーセントで良い。人口５～10万人までの自治体は、人口の０・４パーセントで十分である」と言われているが、前者の０・５パーセントを基準と考えると、本市の場合、ちょうど３４０人が適正規模となる。20年間かかるが、無理矢理に職員に退職を強いるより、自然退職の流れの中で、適正な状態へ移行する方が、良策と判断している。しかし、20年かかっても３００人の職員削減効果は大きい。1人あたりの生涯賃金のトータルは3億円といわれているので、３００人分では実に９００億円の削減となる。

借金総額が559億円だが、大体20年間で返済することになっているので、単純に言えば人件費の削減分だけで、借金は返済できることになる。

総社市は、1999（平成11）年に都市経営総合研究所によって、経営診断をしてもらった。そのとき指摘されたのが、人員管理の甘さだった。1991〜1994（平成3〜6）年までの4年間、無計画に30人ずつ採用していた（計120人）。

診断書には、「この時期、多くの自治体では、新規採用は抑えていたが、これと対比すると、総社市は真に異常であった。厳しい行革の意識、効率的な経営の自覚を全く持っていなかったともいえよう」と手厳しい批判をいただいている。二度とこのような誤りは繰り返さないようにしなければならないと肝に銘じていきたい。

しかし、一人ひとりの職員は真面目で、能力もある。このマンパワーを結集し、総力を挙げることによって、市の発展、市民サービスの向上を図ることは十分できる。お金を使わなくても、市民の皆さんに真心と笑顔で接するだけでも、大いにサービスは向上する。昨年の仕事始めの訓示で『愛郷無限』の精神で、市民と接し、仕事をするようにと話したが、徐々に効果が出てきていると思う。

さて、歳入の方であるが、個人的には、地方自治経営学会の恒松制治会長も言われているように、地方交付税の制度を堅持してほしいと思う。

全国の自治体のバランスを取り、かつ生き延びるためには、この制度以外に方法はないと思う。もちろん、各自治体もスリム化の努力をしなくてはならないが、国においては、熟慮してほしいものだ。

歳入を増やすために企業誘致に力を入れているが、今後も、私をはじめ最大の努力をしていくつもりだ。

一昨年、国民宿舎「サンロード吉備路」をオープンした。初年度が1億8500万円の黒字。次年度が1億9600万円の黒字となっている。

公設民営方式であるが、この建物の中で、産直広場を開設して、地元で取れた農産物を生産者の人たちに直売していただいている。

こちらの方も、年間、1億円以上売れている。定年退職した人が、農業に携わるようになって、個人収入も増えると同時に、健康増進にもつながり、医療費の削減効果も期待している。

さらに、本市では、『本物志向のまちづくり』を進めており、無農薬米も推奨しているが、将来は、無農薬米をブランド化して付加価値を高めていきたいと思っている。

これからも、健康で楽しく安心して暮らせるまちをめざして全力を注いでいきます。

□市長プロフィール□

1950（昭和25）年岡山県総社市生まれ。岡山県立倉敷商業高等学校卒業。岡山日野自動車株式会社入社。株式会社たけうち代表取締役を経て、1978（昭和53）年から1994（平成6）年まで総社市議会議員。1998（平成10）年から旧総社市長（2期）。初代総社市長（現在1期目）。

□山口県　下関市□

目指すものは、あなたが誇れる新しい下関

下関市長　江島　潔

２００５（平成17）年２月13日、旧下関市と旧豊浦郡４町が合併し、面積７１６平方キロ・人口30万人の新しい「下関市」が誕生しました。行財政改革は、それぞれの自治体において、時代の変化に即応した、簡素にして効率的な行政基盤の再構築を目指して取り組まれてきました。

とくに旧下関市における第３次行政改革大綱では、具体的な改革項目として全１１０項目を掲げ、最終的に実施済み、または実施中の項目が１００項目で、実施率は90・9パーセント。財政効果としては、２００１（平成13）年度～２００３（平成15）年度で約34億６０００万円があり、21世紀の行財政改革の礎を築くことができたと自負しています。実施した項目のうち特色のあるものは、ＩＳＯ１４００１の認証取得、電子入札システムの導入などが挙げられ、リスクマネジメントシステムについても導入を図っているところです。

電子入札システムは、横須賀市に次いで全国で２番目の実施でしたが、これは、入札の透明性を向上させるため、条件付き一般競争入札制度を取り入れ、さらに効率的な事務処理を行うために、電子入札

市民と市長が直接意見を交換する「ふれあいティータイム」

システムを導入したものです。2002(平成14)年度は18件、2003(平成15)年度は72件と順次拡大実施し、これにより、入札の競争性、機会均等性、透明性が図られたとともに、その経済効果として2000(平成12)年度の平均落札率と比較して、ともに7億円以上の効果があったと試算しています。

リスクマネジメントについては、行政機能の停滞や損害の発生を未然に防止するため、リスクが実現することを防止し、また、その影響を事前に軽減するための活動と位置づけ、事件事故などの発生後、いち早く損害を沈静化し復旧するための危機管理を主眼とした活動とは異なります。このシステムを適切に運用することにより、行政運営のさらなる安定化や効率化が図れ、市民の市政に対する安心感や信頼感を向上させられるものと期待しています。

そして、昨年10月1日には山口県内初の中核市となりました。中核市移行に際しては、山口県からおよそ６００の事務権限の移譲を受け、事務手続きの迅速・効率化やきめ細かなサービスの提供による住民サービスの向上が図られ、都市計画に関する事務権限の移譲により独自のまちづくりも展開しやすくなりました。21世紀における地方自治のあり方が議論され、地方分権が推進されている今日において、その旗手と期待される中核市になりました本市は、その責任の大きさとともに、より大きな可能性を有する都市となりました。これからが「下関市にとって、勝負の10年」と身の引き締まる思いです。合併により、新たに大きな中山間地域が加わり市域が大幅に拡大しましたが、引き続き、行政サービスの維持・向上を図るためには、組織の集約化、事務事業の見直しが必須であります。それにはＩＴの活用が、有効な手段のひとつと考えています。

また、中核市としての業務量の増加や、防犯・防災体制を確立するために必要となる人員の確保に努めながら、今後5年間で４・６パーセント（１６０人）以上の職員数の削減を目標にしていますが、これを実現していくためには、一般行政部門の一層の効率化を図る必要があり、徹底した事務事業の見直しや、アウトソーシングが必要であると考えています。

このような課題に対応するため、新市としての行政改革大綱を２００５（平成17）年11月に制定し、その後、本年3月までに集中改革プランを固めていくこととしており、本市が有する全施設（約１３２０施設）並びに、すべての３セクの管理運営について検証を行います。すでに各部門には、４・６パーセント以上の人員が減った場合に、現在の事務の方法が可能かどうかを検討させており、事務事業の廃止・統合、アウトソーシングへの移行など、職員数の減少が行政サービスの低下につながらないような実施へと移行していきたいと考えています。また、限られた職員数で、ますます多様化する住民ニーズに応えるには、業務の企画ができ、事業の進捗管理ができる人材育成も不可欠です。

今回の行財政改革の意義は、行政コストの縮減とともに、小回りのきく柔軟な行政組織にしていくこと、すなわち、小さな市役所に変身することにあります。合併と中核市移行を絶好の機会と捉え、「目指すものは、あなたが誇れる新しい下関」をモットーに、積極的に改革を進めていく決意です。

□市長プロフィール□

1957(昭和32)年生まれ。東京大学工学部卒業、東京大学大学院工学系研究科修士課程修了。東亜大学講師、水産大学非常勤講師などを経て、1995(平成7)年下関市長に就任。のち2度再選を果たす。2005(平成17)年新しい下関市の初代市長に就任する。

□香川県　善通寺市□

地方行政・これから進むべき道

善通寺市長　宮下　裕

これまでの国と地方の関係は上下主従の関係でありました。この関係により地方の自治体は国から３つの束縛を受けていたといえます。一つ目は法令等による束縛、二つ目は体制による束縛、三つ目はカネによる束縛です。これらによって国は「均衡ある地域の発展」のための施策を展開し、全国どこでも同じ水準の行政サービスが行われてきました。ナショナルミニマムの確保は、やがて護送船団方式を生み、さまざまな制度疲労を引き起こしてきたことが今日の地方行政改革の発端になっています。

今日のわが国の財政状況は大変厳しいものとなっています。国の借金の総額が６００兆円、地方が２０４兆円であり、国と地方の重複分34兆円を除いても日本国内の借金は７７０兆円に達しており、ＧＤＰの１５０パーセントの規模となっています。そのような状況の中、何とか効率性を向上させようと、国は三位一体の改革により、地方交付税や補助金のカットに躍起になっています。

このような中、地方自治体は生き残る術として市町村合併の選択を迫られています。国が想定する最も効率的な財政運営が可能な人口10万人という規模の自治体を構成すべく、特例債というアメにより合

まちづくり会社主催の四国霊場８８サイクル駅伝にて

併推進がなされています。現在の合併論の根拠は、国の地方交付税カットにあることは異論のないことであり、そのために人口規模10万人という自治体を多く増やしたいという思惑があるといえます。国が示す最も効率的な基準は、人口1人あたりの行政経費が約30万円であることです。規模の小さな自治体は1人あたりの経費が高騰する傾向にあることからこのような基準が示され、合併が推奨されているのです。このことは、逆に人口1人あたりの行政経費（一般会計ベース）を30万円で抑制することができれば、合併せずとも十分やっていけるという証拠です。善通寺市ではこの1人あたり30万円の行政経費を実現するため、行政改革に邁進しています。

合併自体の是非を問われれば、将来永続的に善通寺市という行政規模で運営することは困難であると認識しています。しかし、現状のまま合併すれば、単なる着膨れ合併となり、何ら行政改革の効果はないのではないでしょうか。まず、単独で可能な限りの改革を行い、スリムになった自治体同士が合併することで、合併本来の目的である効率化が実現できるのだと考えています。

そこで、善通寺市はまず職員の数を減らし、行政経費の大部分を占める人件費を抑制していくことを第一の目標としています。これにより1人あたり30万円の財政規模を実現するとともに、余剰となった人件費分を行革成果の付加価値（プレミアム）と捉え、住民サービスの向上施策として市民に還元していくこと、これが行政改革であると考えております。

そのための最も有効な手法は、役所以外の資源を活用していく「アウトソーシング」です。善通寺市のアウトソーシングは、外部人材の登用や民間委託、民営化等はもちろん、これまで単に行政サービスの受け手であった市民にも公共部門の担い手となっていただく「市民分権」も必要となると考えています。

市民分権とは、本来あるべき自治への原点回帰です。現在当然のように行政で行っている業務のほとんどは、実は市民自身で行うことが可能なのです。極端な例では、救急車ひとつをとっても、地域の市民がケガ人を皆で病院に搬送するというシステムがあれば、行政サービスとしての救急車も不要となるかもしれません。一見夢のようなことですが、実は従来わが国はこのような自助・共助の精神が根付いた民族なのです。「均衡ある地域の発展」がこれを奪い、役所が公共部門を一手に引き受けたことが、自治を変貌させています。

このため、善通寺市では、本来の自治とは何か、自助・共助・そして公助とは何かということを改めて認識し、これからの新たな行政の構造改革の基本とすべく「自治基本条例」を制定しました。この条例を市の最高規範として位置付け、市民の知る権利や市政への参画を保障するとともに、自分たちのまちを自分たちで守り育てるという意識の啓蒙に取り組んでいます。

善通寺市の行政改革は、いかに少ない人員で公共部門を運営していくのか、そして、いかに市民のまちづくりが充実するかということを最も大きく、かつ最も困難な課題として位置付け推進しています。現在、どこまで役所の人員を減らすことができるのかという命題を検討するため、職員数170人で市役所を運営することの可能性を追求する「S-PCO-(スーパー・プレミアム・シティ・オフィス・イニシアティブ)」の検討を進めているところです。

スモールガバメントは住民自身のガバナンスを生み、それがまちの活力を生み出すと信じています。もう地域間格差の是正を求める必要はありません。どの自治体が効率性が高く、活力あるまちであるのか、全国の自治体が互いに切磋琢磨していく時代ではないでしょうか。

□市長プロフィール□

1937(昭和12)年香川県善通寺市生まれ。防衛大学校(電気工学科・航空要員)卒業。航空開発実験集団司令官、統合幕僚会議事務局長、航空総隊司令官を歴任、1993(平成5)年退官。伊藤忠商事株式会社東京本社入社、1994(平成6)年から善通寺市長(現在3期目)。

□香川県　高松市□

行財政改革にかける思い

高松市長　増田昌三

高松市長の増田昌三です。このたびは、『地域から日本を変える』への寄稿の機会をいただきましたことに対し、深く感謝申しあげます。

さて、「改革の灯を消すな市長の会」は、さる8月18日、事務局の四方八洲男綾部市長様が総理大臣官邸を訪問し、アピールを小泉総理大臣に手渡されました。これに対し、総理は、「改革は後退させない。構造改革実現のために決意を新たにがんばる――」と答えられたそうです。私たち有志市長にとって、このうえなく力づけられるとともに、改革を推進する立場といたしまして身が引き締まる思いを新たにいたしました。

それでは、本市が行っている行財政改革への取組みについて御説明させていただきたいと存じます。

本市を取り巻く状況について

1　厳しい行財政環境

わが国の経済は、景気の低迷からようやく抜け出せる兆しが見えるものの、本市では依然厳しい状況が続いております。本市の財政は、市税収入の減少や公債費などの義務的経費の増加により、財源不足の状況が続いており、健全な財政運営への支障が懸念されています。

2　地方分権の進展

地域の実情に即した自主・自立の市政を推進するため、市民に開かれた市政の推進と市民の視点に立った施策・事業の実施が一層求められるとともに、自己責任・自己決定の理念に立った市政を推進していく必要があります。

3　少子高齢社会の到来

少子高齢化の本格化により、今後、生産年齢人口の減少などによる経済財政面の影響や、地域社会の活力の低下が懸念されます。

また、高齢者の保健医療福祉の充実や子供たちの健全育成などの課題に的確に対応していく必要があります。

4　市民の市政への参画意識の高まり

昨今、福祉や環境、スポーツなどの分野における市民活動団体（ＮＰＯ）による活動等を通じて、市民の市政への関心・参画意識が高まってきています。市政への市民参画を進めるため、その環境を整備するとともに、市民・企業が共に協力して行く必要があります。

新高松市行財政改革計画の策定について

このような状況を踏まえ、これまでの行財政の手法・制度・意識をゼロから見直し、現在の行財政環境に適切に対応できる新たなシステムを、市民・企業の理解と協力を得ながら構築するため、２００３（平成15）年7月に新高松市行財政改革計画を策定いたしました。

なお、今後の本市に関わる市町合併の影響や、国による地方の行財政に関わる三位一体改革などの制度改正の動向についても常に視野に入れ、その情勢の変化に対しては、その都度、計画内容の所要の見直しなどを行い適切に対応することとしています。

行財政改革の必要性・目的

本市の目指すべき都市像「笑顔あふれる　人にやさしいまち・高松」を着実に実現するため

には、これまでの行財政運営の方法を根本的に改革していかなければなりません。これまでのような行政主導の形では、市民ニーズの多様な変化に的確に対応し、地方分権の時代にふさわしい魅力と活力のある市政を推進していくことは困難になっており、「市政の主役は市民」であるという原点に立ち返り、自助努力・自己責任という観点から、互いに協力して共に市政を担う、という本来の自治を推進していかなければならない時期が来ています。

今後の行財政改革の推進に当たっては、ニュー・パブリック・マネジメントの考え方を取り入れ、事務事業の簡素化・効率化や行政コストの低減、市民の視点に立った市民サービスの向上に努めていきます。

新高松市行財政改革計画

1　目標

「公共の福祉の増進」、「最小の経費で最大の効果」という行政・財政の運営理念により、本市の目指すべき都市像「笑顔あふれる　人にやさしいまち・高松」の着実な実現を目指します。

2　改革の前提

職員の意識改革と大局的な現状認識に基づき次の3点を見直します。

・市が担うべき役割（行政のサービス範囲、水準の適正化、市民・企業との役割分担の適正化）

・行政体制（効率化、行政能力（組織と人材）の向上）

・財政（歳出の徹底的な見直し、行政コストの削減、歳入の確保）

3　改革の目標

・市民との協働による行政運営
・市民のニーズに応える行政サービスの提供
・効率的な行政運営システムの確立

4　改革の基本姿勢

・全ての事務事業と組織・機構等を徹底的に見直します。
・職員の意識改革と市民・企業との協働により推進します。
・積極的な情報公開・情報提供を推進します。
・ニュー・パブリック・マネジメントによる行政の効率化・活性化を図ります。
・改革・改善を継続して行います。

5　改革の視点

高松市総合計画との整合を図り、市民・企業との役割分担を明確にしながら、次の3つの視点により改革・改善を積極的に推進していきます。
・市民・企業と行政の協働による市政を推進します。
・民間の経営理念を取り入れます。
・市民の視点による良質なサービスを迅速に提供します。

この新高松市行財政改革計画では、２７８の取組項目について、２００３（平成15）年度から２００５（平成17）年度の３年間で改革・改善に取り組むこととしております。なお、２００３（平成15）年度および２００４（平成16）年度の２年間における取組みにより、約76億６、５００万円の歳出の縮減を図りました。

２００５（平成17）年度においては、周辺6町との合併により市域および人口の大幅な拡大を見たことから、計画期間を1年延長し、２００７（平成19）年度において新たな行財政改革計画を策定したいと考えております。

以上、私の行財政改革にかける思いを、本市における「新高松市行財政改革計画」の説明に代えて申しあげました。

最後になりますが、「改革の灯を消すな市長の会」の皆様方の今後ますますの御健勝・御活躍をお祈り申しあげます。

□市長プロフィール□

早稲田大学第一法学部卒業後、高松市役所に就職。人事課長、文化部長を経て１９９２（平成４）年に助役、１９９５（平成７）年から高松市長に就任、現在に至る（現在３期目）。

□愛媛県　伊予市□

行財政改革にかける私の思い

伊予市長　中村　佑

市民団体「ほたる保存会」主宰のほたるまつりでの中村市長

地方でできることは地方で

地方分権の流れは予想を上回る速さで迫ってまいりました。さらに、三位一体改革の波は激しく、地方交付税や国・県補助金などに大きく依存してきた私ども小規模自治体は、多様化、高度化する行政需要に、地域の存亡の危機感を持って、生き残りをかけて、市町合併という自治体改革を断行し、地域間競争に打ち勝つためにあらゆる手段を模索しております。

今まさに、行財政改革を加速させるため

の器が完成し、大きく変貌を遂げるためのスタートラインに立ったのであります。

戦後日本は、ただひたすら前を見続け走り続けてまいりました。そうしたことで、今や世界的な経済大国となり、国民の生活レベルは格段に向上してまいりました。

しかしながら、一方では、数次の景気対策と財政投資で、世界に類をみない借金大国となったのもまた事実であります。

肥大化した組織と歳出予算は、直ちに縮小してゆかなければなりません。目前に迫った2007年問題も大きな課題であります。

「予算が組めない」「人がたりない」と悲鳴を上げても言い訳にしかすぎません。

「如何にすれば予算が組めるか」「少ない人材で如何にやっていくか」

そのためには、「不要事業を止めてしまう」ことであり、「可能な事務を民間に委譲」することに尽きると思っております。

地方分権、権限委譲で、市町村は今まで以上に多くの「仕事」を抱えなければならない反面、「人」も「金」もどんどん減少し、パンク寸前であります。

今どうしても「改革」を断行しなければなりません。そのためには、住民に全てを公開し、行政と住民が本音の議論を巻き起こし、住民といっしょになって『真剣に自治経営』を考える『仕組み』と『風土』づくりに徹底して取り組まなければならないと考えております。

行政評価、人事評価に基づく徹底した検証と説明もひとつの手段でしょう。組織的な人材育成による組織力の向上や自治基本条例による市民活動の推進と住民自治組織の構築など市民の役割と責任の明確化なども重要であります。

少子高齢化がますます進行する中、周辺地域では過疎化で地域コミュニティすら失われつつある現状において、地域が如何に存続し続け活力を取り戻すか、また様々な行政課題などいろいろと難題も抱えておりますが、住民といっしょになって、「何をどう変えていくか」その方向性と視点を見定め、皆が納得できる改革に邁進したいと考えております。

□市長プロフィール□

政党等、無所属。当選回数、1回。任期、２００５（平成17）年4月24日～２００９（平成21）年4月23日。生年月日、１９３６（昭和11）年1月25日。出身、愛媛県。最終学歴、１９５８（昭和33）年3月　愛媛大学農学部卒業、１９７５（昭和50）年2月～１９９８（平成10）年12月、伊予市議会議員（当選6回）。１９８９（平成元）年3月～１９９１（平成3）年2月、伊予市議会議長。１９９３（平成5）年3月～１９９５（平成7）年2月、伊予市議会議長。１９９９（平成11）年2月～２００５（平成17）年3月、伊予市長（当選2回）。愛媛県立伊予高等学校PTA会長歴任。愛媛県国民健康保険団体連合会理事長歴任。愛媛県市長会会長歴任。愛媛県立伊予農業高等学校同窓会会長。伊予柔道会会長。

□愛媛県　宇和島市□

合併を経て　新たな宇和島市の実現に向かって

宇和島市長　石橋寛久

2005（平成17）年8月1日、愛媛県の西南部に位置する宇和島市・吉田町・三間町・津島町が合併し、新「宇和島市」が誕生いたしました。

この合併に伴い、9月11日に行われました市長選挙におきまして、市民の皆様からの大きなご支援により、合併後の初代市長に就任いたしました。

改めて、その責任の重さを痛感し、新市のまちづくりに全力で取り組んでいく決意を新たにしているところでございます。

これまで、旧宇和島市長として、2期務めてまいりましたが、1期目は、「変えよう宇和島、変わろう宇和島」そして、2期目は約半年の任期ではございましたが、「夢の実現。勇気ある挑戦！」をスローガンに掲げ、当市の非常に厳しい財政の再建、老朽化の著しい市立宇和島病院の改築、そして自治体合併など全力で市政発展に取り組んだ結果、取り組まなければならない事業・施策は一歩一歩着実に進めることができました。

そして、3年半にも及んだ1市3町での合併協議をもとに、新「宇和島市」が誕生し、新市の基本理念である「人と交わり、緑と話し、海と語らう　きらめき空間都市」の実現に向け、今回のスローガンを、「今こそ本領発揮！」と掲げ、さらに前進してまいりたいと思っております。

4年半前、私が市長に就任した頃は、国として、バブルの後遺症をどうするのか、景気対策をどうするのかといった問題があったように記憶しております。

その後、小泉内閣が誕生し、その対策として、「地方分権」がさまざまな場面で論議されるようになりました。「これまでの国主体の政治から、地方に権限を与えるので好きなようにやりなさい」ということでした。しかし、裏を返すと、「地方が良い案を出さなければ、国はこれまでのような一律の補助金は出せません」つまり、「宇和島独自のもの・施策を出さなければ、宇和島は生き残れませんよ」という時代になってきたと思っております。

現在、当市は、新市誕生後6か月という時期であり、市民サービスの低下を抑えることに重点を置いており、細かい部分はまだまだ決まっていない状況にあります。

しかしながら、当市の基本理念を実現するために、これまで3年半にも及ぶ合併協議会において、それぞれ市、町の代表者が考えに考え抜いてきたことをひとつひとつ形にしていきたいという思いでおります。

こういった思いから、まず新市の建設計画にあります5項目の基本目標に向かって進む必要があると考えております。

1つ目は、「恵まれた自然環境を保全し、快適に暮らせるまち」というものでございます。壮大な鬼ケ城山系や美しい宇和海といった素晴らしい自然環境や文化を次世代に継承しつつ、リサイクル運動の推進、循環型社会の実現を目指し、さらに、公園や住宅、水道や道路、防災や防犯など、市民が安全で快適に暮らせるまちづくりを進めたいと思っております。

2つ目は、「地域特性を活かした産業が発展するまち」とし、世界的な産業再編、不況の長期化により、国内産業としては幾分か回復したものの、地方においては、まだまだ厳しい状況下にあると認識しております。

豊かな産業、漁業資源など、地域特性を活かしながら、常に新たな視点に立った産業振興を図る必要があると思います。

具体的には、みかん研究所をはじめとする研究機関の早期整備、基幹産業の充実や起業環境の整備を行うとともに、多種・多様なニーズに応えられる、新たな地場産業の育成に努めていく必要があります。

産・官・学の連携による高付加価値型の農林水産業、まちの顔となる個性的な商業、ベンチャー企業の支援などを行い、消費者ニーズに即応できる工業、体験・滞在・反復型の観光育成を図るとともに、基幹産業である農林水産業を、情報関連産業などの新しい分野に結び付けるなど、第1次、第2次、第3次産業の総合的な連携を図った「6次産業」の育成拡充を促進し、若者や女性、高齢者などすべての住民が、はつらつと働く、活気に満ちたまちづくりを行っていきたいと考えております。

3つ目に「すこやか、安心、思いやりのあるまち」を目指したいと思っております。少子・高齢化が進展する中、21世紀を担う子どもたちが地域とともに健やかに育つよう、また、障害者や要介護高齢者など、ハンディキャップを持つ人が、それを持たない人と同じように生活できる環境づくりを行っていく必要があります。

福祉行政における充実した人的配置を行い、これまで以上の充実した質の高いサービスの提供に努め、山間部や離島・半島など地理的条件に恵まれない地域における、福祉・保健・医療サービスの充実確保にも取り組んでまいりたいと考えております。

4つ目に「歴史・文化を尊重し、いきいきと市民が活躍するまち」を挙げております。生活水準の向上や余暇時間の増大など、生活の多様化・個性化が進展する中で、人生の各段階に応じた生涯学習に対する期待は、ますます高まってきております。

子どもから高齢者まで総合的に学習できるシステムを構築するとともに、公民館や図書館などの社会教育施設を十分に活用し、実り多い学習ができる生涯学習推進体制を確立したいと考えております。

5つ目に「協働による住民主役の個性的なまち」を目指しております。新市が総合的に発展していくためには、住民や団体がそれぞれの責任や役割を自覚し、個々の力の結集を図ることが重要であると考えております。コミュニティ活動や男女共同参画を推進する活動を積極的に支援し、住民・民間団体の理解を得ながら、行政とともに協働してまちづくりを進めていく体制の確立を図ってまいりたいと考えております。

今後といたしましても、4年半前から取り組んでおります、市民に開かれた中で話し合い、決定していく「ガラス張りの市政」を継続し、活力ある宇和島を取り戻すべく、全力で市政を運営してまいりたいと考えております。

どうか、「改革の灯を消すな市長の会」の皆様方とともに、これからも地方自治発展のために全力で取り組んでいく所存でございますので、先輩市長方のご指導を賜りますようお願い申し上げます。

□市長プロフィール□

1950（昭和25）年宇和島市生まれ。北海道大学農学部卒業後、兼松江商株式会社入社。1986（昭和61）年、家業のホテル経営のため宇和島市に戻り、1995（平成7）年から宇和島市議会議員を2期務め、2001（平成13）年から宇和島市長を2期務める。2005（平成17）年8月1日の新市誕生後、新「宇和島市」の初代市長に就任。

□福岡県　古賀市□

地方分権と行財政改革

古賀市長　中村隆象

地方分権と行財政改革は、全国地方自治体の首長が等しく直面している重要かつ困難なテーマであるが、これを乗り越えない限り日本の未来はないと肝を据えれば逆にあれこれ悩む必要はなく、ただひたすら突き進めばよいと思っている。

まず、地方分権については、現状の日本は未だ明治維新以来コテコテの中央集権であり、なおかつ、中央省庁の官僚の大多数や一部国会議員は決して地方分権に賛成ではなく、現体制（＝中央集権）維持派であり、多くの地方自治体とは真向対立する立場にあり、したがって地方分権は座して待っていても決して実現するものではなく、我々地方自治体が強く要望して勝ち取っていかねば、一歩も前に進まないものであるということを肝に銘じておくことが必要だ。

そもそも地方分権の思想的根拠は補完性原理にあり、EUが採択し、ヨーロッパ自治憲章に謳い込まれていると聞いている。一方日本ではわずかに福沢諭吉の分権論や立憲政友会の分権論は知られているが、今の地方分権一括法の下でも、補完性原理は徹底されていない。

敢えて私見を言わせてもらえば、中央集権制は、日本が発展途上にあった時代にこそ有効に機能したが、先進国となった今日、その歴史的役割は終わったとみるべきで、これからは地方の多様性を容認し、とり込みながら発展していくことが、明日の日本を切り拓く道へとつながるのである。

一方、地方としては、自己決定、自己責任の下、これまでの国の手厚い保護、指導は期待すべくもなく、ある程度のバラツキは覚悟の上で、自立して生きてゆかねばならないことも覚悟すべきである。

次に行財政改革については、これに成功した自治体のみが生き残り、そうでない自治体は時代にとり残されて沈んでいくというほどの覚悟で取り組む必要がある。一番大切な課題は職員の意識改革であり、全員が危機感を共有し、創意工夫をこらせば必らず成功する。その手段として、まず情報公開、次に民間活力の導入が有効である。

市の厳しい状況を職員、市民に理解していただき、職員も市民も「知らしむべからず、寄らしむべし」

から「知らしむべし、寄らしむべからず」の風土へと変えていく。

また、真に正規職員がやるべき仕事は何かよく考える。サッチャー元首相の言葉に、「民間ができることを官がすることによって、良いことは何もない」とあるが、正にそのとおりで、古賀市においても、公用車の運転、電話交換、学校用務員、保育所、浄水場の運転管理等について民間委託や民営化を進めてきたが、この他にも民間委託・民営化したほうが望ましい業務は多いはずだ。こうした民間活力の導入の結果、効率的で質の高いサービスの提供が図られ、市民サービスの向上へとつながるのである。

徹底的にアウトソーシングを行うことによって、正規職員が何をなすべきかも、おのずと浮かび上がってくると思われる。それは企画、立案業務であったり公権力の行使あるいは市民のプライバシーに関するものであろう。そういうものは、がっちりと官で担保すればよいのであって、そこにプライドも使命感も自ずと生まれ、そのような役所こそめざす役所であり、「小さな政府」にもつながるものである。

要するに、やってやれないことはないのであって、現下の厳しい財政情況も、見方を変えれば見直しのチャンスであり、次の時代へのステップだと考えている。

福岡県　古賀市

□市長プロフィール□
1948（昭和23）年福岡県古賀市生まれ。東京大学経済学部卒業。1971（昭和46）年新日本製鐵株式会社入社。1998（平成10）年同社を退社。同年12月から古賀市長（現在2期目）。

□福岡県　宗像市□

市民とともに進める行財政改革

宗像市長　原田慎太郎

景気の停滞や少子・高齢化の進展による社会保障費の増加などによって、国・地方をあわせた債務残高は約780兆円と言われており、国・地方の財政状況は年々悪化の一途をたどっています。

今、我が国の行政のあり方を抜本的に見直す時期にあります。行政サービスと負担のバランスや国、県、市町村の役割・機能の見直しと再編など、国と地方が一体となった改革が求められています。まさにこの国を大きく動かし、時代を大きく変える時であります。

2000(平成12)年の地方分権一括法施行に伴う地方分権の改革は、三位一体の改革の推進など、「地方の自己決定・自己責任」という地方自治の原点に立ち戻る取組みが進められています。しかし、真の分権型社会の確立に向けての道のりは険しく、国と地方が対等な立場で議論を交わし、お互いが連携協力し、両輪として改革を加速しなければなりません。私は、国、県、市町村の役割・機能の見直しと再編、それに伴う税源移譲という観点でなく、抜本的な財源の再配分が必要であると考えております。いずれにしましても、これからの地方には自立が求められ、地域経営、都市経営という視点を柱に、これま

玄海ジュニアラグビークラブの子どもたちと一緒に

でにない豊かな発想力と創造力が求められることになります。

宗像市は、2003（平成15）年に旧玄海町と新設合併、2005（平成17）年に大島村と編入合併を行い、それぞれが持つ良いところを生かした新たなまちづくりを進めています。今後も中核市、特例市を視野に入れ、合併に取り組んでいきたいと考えています。私は合併を進めるにあたって、生活圏や地域特性などとともに、新たな時代の基礎自治体としての適正規模を常に考えています。合併は、来るべき分権型社会に対応するための受け皿づくりであり、新たなまちづくりと行財政の効率化を図るための手段でもあり、まさに究極の行財政改革であると言えます。

2005（平成17）年度は、本市にとって合併後の「新たなまちづくり元年」であり、さらにその支えとなる財政基盤を確立する「行財政改革元年」と言える重要な年です。基本計画をはじめとする各主要計画がスタートするとともに、行財政改革大綱を策定し、改革を行動に移すべく、その具体的な方策や効果を示す「行財政改革アクションプラン」の策定に取り組んでいます。また、改革に先がけて、収入役の廃止と三役報酬の削減に取り組みました。私は「不退転の決意をもって行財政改革を断行する」と議会や市民に申しておりますので、まずはトップから行動に移すことが必要であると考えました。

本市が進めている行財政改革は、「効果的・効率的な行財政の運営」と、市民・NPO団体・コミュニティをまちづくりのパートナーとして協働していく「協働によるまちづくりの推進」を柱としています。本市は、これまで2次にわたる行財政改革の取り組みにより、民間委託やOA化、職員の削減等に取り組み、事務事業や組織・機構の簡素・合理化を行い、行政効率が良い自治体として一定の評価を得ています。しかしながら、本市の長期財政見通しでは、これまでどおりの行財政運営を続けた場合、財政破綻を招きかねない極めて厳しく困難な局面を向かえています。

今回、私が進めている行財政改革は、従来の改革の枠を越えるもので、行政内部の改革と併せて市民参画・協働のまちづくりを進めることにあります。将来にわたり安定し、充実した行財政運営基盤を強化するとともに、行政主導ではなく市民主体のまちづくりへの転換を図り、本来あるべき姿の住民自治の回復と行政のスリム化、小さな市役所の実現につなげようとするものです。市民や各団体、あるいは民間等を含めてまちをダイナミックに動かしていく、それが私の地域経営、都市経営の基本理念です。まちづくりは市民とともにあり、また行財政改革も市民とともに進めようと考えています。

具体的には歳入においては、受益者負担の適正化の検討を行い、手数料や使用料の改定などに取り組みます。また、歳出においては、補助金やゼロベースでの事業の見直し、合併により目的が重複した施設の解消や職員定数の削減、業績に連動した人事考課システムへの転換などを図ります。

また、市民参画・協働においては、２００６（平成18）年１月の市民参画条例を施行しますが、その主役である市民、ＮＰＯ団体、コミュニティとの連携強化を図っていきます。とくに小学校を範域とし、住民主導による地域づくりを進める組織であるコミュニティ運営協議会へは、２００６（平成18）年度から本格的に財源と権限の移譲を行います。地方分権を踏まえ地域分権を進めていきます。

新たなまちづくりのために、将来の宗像市のために、今行財政改革が必要であり、その改革は、従来の改革の枠を越えた「市民とともに進める改革」であります。

□市長プロフィール□

１９４１（昭和16）年福岡県小竹町生まれ。福岡学芸大学（現福岡教育大学）卒業。シンガポール日本人学校教頭、宗像市立河東小学校校長等を経て、１９９８（平成10）年から宗像市教育長に就任。２０００（平成12）年から宗像市長就任。

「温故創新」改革への一歩。「多久聖廟釈菜《せきさい》」献官姿の横尾市長

□佐賀県　多久市□

自治体経営を常識に……日に日に新たに

多久市長　横尾俊彦（CEO）

名前のそばに「CEO」と記しました。最高経営責任者という意味です。日本国憲法の英文には「首長」の部分は「チーフ・エグゼクティブ・オフィサー」とあります。その事を、市長就任の日に改めて知り、「市長とはCEO」との意識を強くしています。

そして経営には改革が不可欠です。創造と挑戦はまさに不断のテーマです。

改革の火おこし……総理への提言も活発に

さて、数年前の全国市長会総会の前、臼杵の後藤市長、綾部の四方市長、羽咋の本吉市長、そして私の4

人で会いました。趣旨は改革の推進です。「このまま平々凡々で、大過もなければ変化も無いような都市経営では好ましくない。具体的な改革を思い、志し、互いに励まし、改革に挑戦するうねりや風を、全国の自治体に生み出そう」との思いからでした。思いは共有できるものばかりで、全国に呼びかけ、少しずつ広がっていきました。

ここからこの会はスタートしました。ある時には財務大臣、政調会長の同席で意見交換もでき、またある時は総理官邸を訪ね、「改革の灯を消すな市長の会」の提言を、小泉総理ご本人に手渡すこともできました。総理からは、首長有志がこのように熱心に改革を志向し、努力していることへの称賛と激励を頂きましたが、その頃は、ちょうど小泉内閣支持率が低下傾向だっただけに、逆風の時に来てくれたと喜ばれているようでした。

自治体を経営する発想……日々新たな改革と創造

さて、私は若い頃（松下政経塾時代）に日本の政治行政の改革を研究する中で、アメリカの自治体経営や、地方の行政改革について調査しました。とくに印象深いのは、財政瀕死状態を克服したニューヨーク市の財政再建と、自治体をマネジメントする発想でした。

かつてのニューヨーク市の財政悪化は相当なもので、一時期は道路が壊れても補修もできない、行革内容に反対した市警察官が空港でドクロ入りのビラを配るなどのこともあったそうです。けれども改革を進めて財政再建を果たす訳です。その秘訣を知るべく、改革の中心人物を見つけ出し、１枚の手紙に希望を託し、面会の承諾を得て、渡米しました。

「鍵はパートナーシップ」が答えでした。パートナーシップとは、市役所や市議会はもちろん、企業、各種団体、地域コミュニティー、そして一般市民にも財政問題の深刻さを伝えて構築した理解と支援の輪です。これを広げ、対策を支える基盤にしたのです。福祉や公共事業を削るには、市民や関係者の理解が必要です。そのためにもパートナーシップは有効でした。さらに改革案の内部協議、議会での審議でも、市民参画のパートナーシップがあれば、中途半端で内部養護のような内容や、見かけだけの改革案は、必ず批判されます。より効果的で効率的な施策ができます。その改革の連続をやりとげたのでした。

もうひとつは、これと関連しますが、自治体を経営する「シティー・マネジメント」という発想そのものです。私は「政治行政の生産性」という言葉で、自治体経営の改革の重要性の思いを表現しました。アメリカで人々は「それは当然」といいます。公務だろうと、民間業務だろうと、同じ仕事なら、コスト意識をもち、経費管理もして、より高い質の効果を生み出すために創意工夫するのは当然だとの意識です。当時の日本にはそのような気迫は希薄でした。「インプットとアウトプット」、いまでは日本でも耳にしますが、アメリカでは常識になっていました。当然、施策も評価しますし、予算も複数年で管理する自治体もあります。そのような改善改革は納税者からみれば、当然の改革なのです。

天命を信じて人事を尽くしたい

この2つを日本で話しましたが、「それはアメリカだから」「理想としてはいいが、現実はそうではない」、そんな反応ばかりでした。創造性のなさに情けなく感じました。

それから20年ほどたち、いまや「自治体経営」「行政経営」等の用語が市民権をもちました。そして自分は市長職にあります。学んだことを少しでも具現化したいと願っています。

我々はいま厳しい財政の時代を通過中です。苦しい思いをしなければならない巡り合せのようですが、天命として進むがよいでしょう。苦難の渦中にありますが、日に日に新たな創意工夫や創造を続けていくことを自らと天に誓っています。

苦難の道ですが、我等は未来への挑戦をしようではありませんか。あの時の議論がきっかけになった、あの時の出会いが変革を生んだ、そういう時がいずれくると思えます。

その日のためにも、お互いに改革を掲げて進んでいきたいものです。

□市長プロフィール□

1956（昭和31）年生まれ。多久市出身。慶應義塾大学法学部政治学科卒業。松下政経塾第1期生。地域おこしなどの活動を経て、1997（平成9）年9月から多久市長（現在3期目）。

□大分県　臼杵市□

「持続的な郷土づくり」が課題

臼杵市長　後藤國利

「持続的流行り」が恐ろしい

最近はどこもかしこも「持続的」流行りです。いわく、持続的経営、持続的財政、持続的自治体、持続的国土管理、等など。「持続的」という言葉が錦の御旗のごとく使われ、「持続的な」という形容詞をつけさえすれば価値あることのように扱われていますが、よく考えてみるとまことに恐ろしい事態です。「持続的」をことさら強調しなければならない背景には、現状のまま進めば持続できないという事実が存在するからに他ならないからです。「現状のままでは破綻する」という事態を自覚しないまま、次のステップとして「持続的」というタイトルが踊る現状を危惧します。「持続的」とはどんなことなのか、いろいろと考えさせられる昨今です。

国破れて、たくましい山河が残るだろうか

杜甫の有名な詩「春望」は「国破れて山河あり」ではじまります。繁栄を極めた唐の時代も安禄山の

臼杵市立野津小学校の子どもたちとともに環境美化運動の一環でプランターを製作

乱が起こり、国家は敗れてしまったが、山河は元のまま、都には春が訪れて草木は生い茂っている……というものです。

国に栄枯盛衰はつき物です。永遠に栄え続けた国があったためしがありません。国の勢いが衰えた時、たくましい山河が残されていて、人々が元気に立ち直ることが出来るかどうかが問われるのではないでしょうか。

春望　　杜甫

國破山河在　　国破れて山河在り
城春草木深　　城春にして草木深し
感時花濺涙　　時に感じては花にも涙をそそぎ
恨別鳥驚心　　別れを恨みては鳥にも心を驚かす
烽火連三月　　烽火は三月に連なり
家書抵萬金　　家書は万金に抵（あた）る
白頭掻更短　　白頭の掻きて更に短く
渾欲不勝簪　　渾（す）べて欲す、簪（かざし）に勝（た）えざ

らんことを

無事な家族さえいれば、元気が出る

杜甫の「春望」によって、いろいろなことを学ぶことが出来ると思います。家族のことが気がかりでならず、万金を尽くしても消息を知りたいという強い思いと、髪も薄くなる一方で、逆境の中で老い衰えていく自分の姿を実感する様子が胸に迫ります。国が破れた時、何が一番大切なものなのか教えてくれると思います。

繁栄が持続することを期待してはならない

「持続的な」を考える時、もっとも大事なことは「国家の繁栄が持続することを期待してはならない」ことだと思います。まして、課題を先送りして、借金を増やせるだけ増やしてきたわが国ですから、国は遅かれ早かれ破綻するという覚悟をしておいたほうが賢明でしょう。

国の持続的な財政とは、せめて国破れた後の再生への備えを固めるまで、国は死なないで元気を保つことではないかと私は考えます。

「国破れた後に残すたくましい郷土づくり」が今後の課題

国が破れてしまったとしても、地域の人々がいきいきと生き続けることが出来るような郷土を作ることが私の今後の課題であると考えています。国の力が衰えた時、災害予備軍のような山林と化学肥料で収奪されたやせ衰えた農地と災害に弱い不安と不便さを抱えた市街地だけが残されていては、国の再生は困難を極めるでしょう。また、崩壊した家族関係、チャレンジする勇気と希望を持ち合わせない子供たち、働くことを忘れ楽ばかり願う人びとのもとでは再生はおぼつかないでしょう。したがって、今後なすべき課題はつぎのようなことになります。

1　山林を丈夫で自律的な姿に導く
2　肥沃で使いやすい農地を確保する
3　災害に強い、衛生的な市街地を作る
4　地域の人々が助け合う美しい人間関係を大切に保ち続ける
5　働き者精神を維持発展させる
6　教育を再建する
7　上記を実現するための財源を工夫する

まずは、市役所が先頭に立って改革を

財源が枯渇し始めている中での備えですから、市役所が一丸となり、工夫を凝らして財源を確保し、機関車となって先頭に立たなければなりません。市役所職員の意識改革と情報の共有化が大きな課題になります。

臼杵市では、職員の理解を得ながら、意識改革を進め、市民の協力をいただいて、たくましい山河を残せるよう努力を続ける所存です。

□市長プロフィール□

1940(昭和15)年大分県臼杵市生まれ。一橋大学社会学部卒業。三菱重工入社。1966(昭和41)年家業の臼杵製薬株式会社社長就任。1975(昭和50)年から大分県議会議員を5期。1997(平成9)年から臼杵市長を2期。2004(平成16)年臼杵市・野津町の新設合併(新市名・臼杵市)により失職。2005(平成17)年臼杵市長初当選。

□鹿児島県　日置市□

行政改革の決意　住民本位の市役所を目指して

日置市長　宮路高光

小泉政権誕生以来、聖域なき構造改革や三位一体改革として、行財政改革の声は日増しに強く叫ばれてきたところであり、この度発表されました2006（平成18）年度、国の予算原案におきましても、地方交付税9パーセントの減額については、大方予想できたところであります。

このことは自主財源に乏しい地方における一自治体の将来にとりまして財政運営への不安は計り知れないものがあります。

国の財政破綻は避けなければならないとは理解しつつも、税財源の再配分機能としての地方交付税は、等しく市民生活を営み、この制度を享受してきた自治体にとりましては、いよいよ自治体間競争のスタートラインに立たされたものと危機感を持つものであります。

合併後間もない日置市にとりましては、旧4町のいち早い一体化に向けて、新市総合計画や行政改革大綱の策定作業に組織を挙げて取り組んできていますが、将来への財政不安から、町村合併は避けて通ることはできない問題として取り組んできたものの、住民要望に対する今後の予算配分が大変厳しいも

のになることへの説明責任が伴ってまいります。

バブル経済前の行政スタイルでは、何でも求められれば取り組んできたまちづくりやそれに伴う施設、行政組織の整備等々、また住民サービスを自治体間で競ってきた時代が、低成長時代の現在においては相互に自治体全体の成長を阻害している現状になっています。

アウトソーシング、指定管理者制度、PFI制度等への期待、これまで住民サービスの拠点施設が住民の意向を受けて設置されたものとはいえ、大方が、管理運営経費の足かせとして見直されようとしています。同時にこの見直しの機会に、地域でできることは地域でという発想に立って、受け皿となる自治会組織274組織の統合を提唱しています。

このことは新しいまちづくりを支え、地域活動の主体となる組織の強化と充実を意図とするものであります。

住民にとっても自身の生活環境や生涯教育への参加意欲が高まり、地域づくりに参加できる喜びを感じていただきながら間接的な行政参画を求めていくこととしています。

一方では、行政側の環境整備として、行政情報ネットワーク網の整備を図り、行政手続をできるだけ小学校区単位で完結させてまいります。

併せて市役所職員を地区担当制として張り付け、地域づくりのアドバイザー役として、公務で得た知識を広く発揮させていく仕組みづくりに取り組んでまいります。

合併後、８か月経過したところでありますが、これまで決して順風満帆とはならず、合併協議で整えた事務事業の進め方に更に調整が必要になってきております。

これからも行財政改革を積極的に進め、職員と市民が知恵を出し合い一丸となって住民本位の市役所づくりを目指していきたいと考えております。

私自身も対話と市民協働を基本に、市長室の椅子を暖めずに市民の皆様と共に汗をかきながら東奔西走を続けてまいります。

□市長プロフィール□

１９５０（昭和25）年鹿児島県日置市（旧日置郡伊集院町）生まれ。宮崎大学農学部卒業。１９７５（昭和50）年旧伊集院町役場（現日置市役所）入庁。１９９２（平成４）年10月から伊集院町長に就任。２００５（平成17）年４月、市町村合併により町長職を失職するまでの12年６か月の間、伊集院町長として在籍、２００５（平成17）年５月29日、広く日置市民の信任を得、初代日置市長に就任（現在１期目）。

第2部　「改革の灯を消すな市長の会」会員市町の取組

「改革の灯を消すな市長の会」では、行政課題についてのアンケートや行政改革担当部長会議を開催し、行政改革に関する情報交換を行ってきました。ここでは、会員市町の特徴的な取組事例を抜き出して紹介します。

北海道石狩市

（石狩市花川北6条1丁目30－2　電話0133－72－3111　http://www.city.ishikari.hokkaido.jp/）

□石狩市の変遷□1596～1614年（慶長年間）　松前藩により、石狩その他の場所区画が設定される／1706（宝永3）年　石狩、厚田、益毛（浜益）場所が開かれ、サケ漁を経営／1855（安政2）年　石狩役所が石狩に設置され、札幌も支配下となる／1871（明治4）年　戸籍法制定にともない「石狩町」と命名／1902（明治35）年　親船町ほか9町と生振村とを合併し、2級町村制を実施／1907（明治40）年　花川村を合併し、1級町村制を実施／1973（昭和48）年　石狩湾新港が重要港湾に指定される／1989（平成元）年　第44回国民体育大会ソフトボール競技開催／1992（平成4）年　人口5万人突破／1994（平成6）年　石狩湾新港が関税法に基づき開港する／1996（平成8）年　市制施行。「石狩市」となる／2005（平成17）年　厚田村と浜益村を合併。□［市長］田岡克介（12㌻参照）［人口］6万1358人（平成17年10月1日）［面積］721・86平方キロメートル［職員数］589人（一般行政職）［財政］平成17年度普通会計予算　302億0600万円（合併後）／財政力指数　0・644（3か年平均）／経常収支比率　89・9（平成16年）□

石狩市は、予想を超えた長引く経済不況による財政危機を打開するため、２００２（平成14）年度に「石狩市財政構造改革方針」を策定し、２００４（平成16）年度までの３か年で財政構造改革を進めてきました。

初年度の取り組みにより、２００３（平成15）年度において4億６７００万円の効果をあげることができましたが、依然として市税収入の減少に歯止めはかかりませんでした。このような厳しい財政状況のもと、２００４（平成16）年度予算編成にあたっては、約5億円の財源不足を見込み、経費削減等による歳出の抑制に努めてきましたが、２００３（平成15）年末に発表された地方財政対策では、三位一体改革の影響により地方交付税が減少するなど新たに4億円の収入減が見込まれ、財源不足は年末の段階で約9億円に膨らんでしまいました。

この三位一体改革による地方交付税の削減は、市財政を直撃するものであり、２００４（平成16）年度予算は勿論のこと、２００３（平成15）年度の予算にまでも手をつけざるを得ない状況になりました。このため、かつてない徹底した経費の削減に迫られ、２００４（平成16）年度予算においては、市長の給料を20パーセント引き下げるとともに、職員もさらなる独自カットにより約2億円を削減したほか、数日後に入札を控えていた公共施設の建設を凍結するなど、ようやく２００４（平成16）年度予算を編成することができた次第です。

なお、この公共施設は、老朽化が著しい３公共施設（公民館分館、保育園、出張所）を集約して建てかえようとした施設であり、２００４（平成16）年5月着工の予定で、すでに予算化がされていたものです。これまで市民のみなさんが自ら構想を練りあげてきたものだけに、何とか期待に応えるよう取り組んできましたが、この事業は建設時に約1億６千万円、その後の借金返済や維持管理に毎年約5千万円の多大な市民の税金が投入される大型事業であることから、断腸の思いで事業の凍結を決断したものです。

北海道滝川市（滝川市大町1丁目2－15　電話0125－23－1234　http://www.city.takikawa.hokkaido.jp/）

□滝川市は、1958（昭和33）年市制施行し、本年で、47年を迎えました。北海道の内陸、石狩平野の北に位置し、札幌市と旭川市の中間にあり交通の要衝として発展してきた健康文化都市です。日本を代表する大河石狩川・空知川に挟まれ、広大な河川敷を活用したスカイパークは、グライダーのメッカとして市内外の多くの方々に親しまれています。また、味付けジンギスカンの発祥の地として名物になっているジンギスカンは北海道遺産として登録されました。□［市長］田村　弘（16ペ参照）／［人口］4万5772人／［面積］115・82平方キロメートル／［職員数］309人（一般行政職　平成17年4月1日）［財政］平成17年度普通会計予算　218億0300万円／財政力指数　0・376／経常収支比率　98・8（平成16年度決算）□

コミュニティ施設地域管理制度（地区公民館など12施設）の導入について

滝川市は1980年代から地域コミュニティの活性化と文化団体および市民講座修了者によるサークル等場の提供のため、市内各地域ごとに地区公民館等地域コミュニティ施設の整備に力を入れ、道内トップレベルの対人口比集会室面積保有率となっている。

コミュニティ施設は開館が午前9時、閉館が午後9時までで利用者の有無にかかわらず週1回の休館日をのぞき常時嘱託職員またはシルバー人材センターからの委託職員を配置していた。また築後20年以上の建物が多く、厳しい財政状況のなか、施設の補修にまわる財源は縮小の一途をたどっており、現状のままでは人件費を含む維持管理費および補修費の捻出が難しくなりコミュニティ施設の運営が危ぶまれる状況となっていた。

そこで市は2001（平成13）年11月、コミュニティ施設運営経費の縮減と縮減した財源の一部を地域が主体性をもち使用することができるように利用料金制度の導入とコミュニティ施設の運営主体を地域へと移行することによりその施設を核としたコミュニティ活動の活性化をめざした基本方針を策定する（私自身、行革担当としてかかわり、翌年4月に担当課へ異動となった）とともに、町内会連合会連絡協議会（以下「町連協」という）と合同による検討会議を設けるべく、本提案を町連協3役会にはかった。

しかし町連協3役会のメンバーから、市役所の行革の甘さを指摘されるとともに「徹底的に行革してから提案すべき」と最初は協議の席につくことすら拒否をされた。しかし市として不断の決意で行革も並行して進めるということを、やっとの思いで理解していただき合同検討会議発足にこぎつけることができた。

以後4か月で7回にわたる検討会議を経て素案を作成、7月の町連協の理事会においてようやく地域ごとの説明会開催の合意を取り付けるに至った。説明会は8月から土、日、昼夜問わず1施設につき4、5回開催（述べ50回以上）し、運営委員会予算書、規約を示し理解を得るべく奔走したが、地区によっては委託自体反対の意向もあり、その地区の全体集会である「住民大会」に市長、助役が呼び出されたこともあった。

スタート時点では最初「1、2か所委託できれば」と思っていたが、予算や条例の統一性の問題、また町連協会長の絶大な支援もあり、さらに私自身説明会を重ねるつどに欲が出て、12か所一斉委託を何としても成就したいとの夢が膨らんでいった。そして関係各位の努力により２００２(平成14)年12月時点で10か所の運営委員会を立ちあげ、タイムリミット寸前の翌年2月にはのこり2か所を含めて全12か所の運営委員会が立ちあがり、２００３(平成15)年4月から地域管理化がスタートした。

コミュニティ施設の地域管理制度は、直営時、年5千万円を超える管理経費を半減させ市財政に貢献するとともに、２００３（平成15）年4月の導入以来3年目を迎え、剰余金による税金問題も発生したが、施設の補修、備品購入など直営では手の届かない部分も整備されるなど、コミュニティ活性化の課題をかかえつつも着実に成果をあげている。また法改正による指定管理者制度の移行で地域委託も転機を迎えているが、当面は現受託者を指定管理者としたいと考えており、導入当初の理念である　①地域にとって身近な施設としての弾力的運用　②施設使用料を利用料金制度によりコミュニティ活動財源とする仕組の導入　③地域によるコミュニティ活動の活性化　これらを今後においても確実なものに育てていく必要があると考えている。

北海道深川市（深川市2条17－17　電話0164－26－2202　http://www.city.fukagawa.hokkaido.jp/）

□深川市は、1963（昭和38）年4か町村が合併し市制施行、1970（昭和45）年に1町を編入し現在に至っています。北海道のほぼ中央に位置し、JR線や高速・高規格道の分岐点として交通の要衝にあります。また、水稲、果樹、畑作など道内有数の農業地帯です。□［市長］河野順吉（20ジペー参照）［財政］平成17年度普通会計予算　157億5000万円／財政力指数　0．267／経常収支比率　93．0（平成16年度決算）□

深川市では、従来から「行政改革」に取り組み、行政の効率的な運営を行ってきましたが、予想を超える急激な財政環境の悪化のため、いつ、赤字再建団体に転落するとも限らない非常事態となったことから、2004（平成16）年1月「行財政改革大綱」を、また、同年2月「行財政改革緊急プログラム」［2004（平成16）年度～2006（平成18）年度］を策定し、行財政改革に取り組んでいます。

その初年度目となる2004（平成16）年度予算では、市職員の退職者不補充や手当の一部削減などによる人件費、約2億3400万円のほか、敬老会開催補助金や金婚・長寿者祝福事業、温泉施設公衆浴場利用助成事業等の見直し、庁舎事務室清掃の職員実施などにより、合わせて約5億2100万円の削減効果額が生じました。［2004（平成16）年度一般会計の予算総額　173億4000万円、全会計の予算総額384億110万円］。

また、２００５（平成17）年度予算においても、引き続き市職員の退職者不補充などによる人件費 約2億４００万円を始め、団体などに対する補助交付金の削減、老人・乳幼児医療費支給事業や公共施設の維持管理の見直しなどにより、約６億３２００万円の新たな効果額が生じました（一般会計の予算総額 １５７億５０００万円、全会計の予算総額 ３４２億４６７０万円）。

さらに、簡素で効率的な組織としていくため、２００５（平成17）年４月１日からの組織機構改革によって、市長部局で、６部17課２支所48係を４部13課２支所42係とし、２部４課６係を削減するとともに、教育委員会事務局においても２係を削減しました。

これらの取り組みによってもなお、２００５（平成17）年度予算において、約11億４０００万円の基金取崩を余儀なくされていることから、予算の執行にあたり、約９億９８００万円の配当を留保するなど、歳出の削減に努めているところです。

一方で、市民の皆さんとの協働を進める基礎づくりのための体制として、企画総務部企画課内に「協働推進係」を新設するとともに、６月からは、住民異動に伴う各種届出なども、できるだけ１か所の窓口で可能となるよう、総合窓口化を図り、市民の皆さんの利便性向上に努めているところでもあります。

岩手県宮古市

（宮古市新川町２－１　電話０１９３－６２－２１１１　http://www.city.miyako.iwate.jp/）

□宮古市は、２００５（平成17）年６月６日、旧宮古市、旧田老町、旧新里村が新設合併し誕生しました。岩手県沿岸部のほぼ中央、本州では最東端に位置しています。東は太平洋に面し、陸中海岸国立公園リアス式海岸線の壮大な景観が広がり、北、西、南の三方は、北上山地より連なる緑豊かな山々に囲まれ恵まれた自然環境にあります。世界３大漁場を目前に有する漁業と観光とＩＴのまちです。□〔市長〕熊坂義裕（24ページ参照）〔人口〕６万１６４３人（平成15年10月１日　旧３市町村合算）〔面積〕６９６・８２平方キロメートル（平成15年10月１日　旧３市町村合算）〔職員数〕７１３人（うち一般行政職４０４人　平成17年６月６日）〔財政〕平成17年度普通会計予算　２０９億４０３７万円（平成17年６月６日新市誕生以後の予算）／財政力指数　０・４６／経常収支比率　８７・１（平成15年度決算）□

宮古市社会福祉協議会の福祉構造改革に果たす役割

宮古市の構造改革は「民間に出来ることは民間に」の理念のもと、簡素で効率的な小さな市役所を目指しています。しかしながら福祉分野の構造改革は、サービスの向上とコスト削減がうまくかみ合わずどの自治体でも進んでいないのが実情です。そのようななかにあっていち早く経営改革に取り組み、福祉サービスの中心的な担い手として活躍するなかで結果的に市の福祉構造改革を進展させているのが宮古市社会福祉協議会です。

宮古市社会福祉協議会は、２００５（平成17）年度で職員数２５０人、事業費７億８６５万円と有数の規模を誇り、独立採算制を採りながらも安定した経営をつづけています。しかし今から10年前は、職員数僅か４人のどこにもある平凡な社会福祉協議会に過ぎませんでした。改革に踏み出すきっかけは、１９９７（平成９）年７月に就任した熊坂義裕市長の「社会福祉協議会が赤字になっても運営費補助は出しません。これからは独立採算でやってください」という衝撃的なひと言でした。これを境に職員は「自分たちの給料は自分たちの力で」を合言葉に改革に乗り出していきました。まず市からの業務委託を積極的に受けました。次に社会福祉協議会会費をそれまで１世帯５百円だったのを千円に値あげする運動を展開し、大方の市民の理解のもとに値あげを実施しました。折しも１９９７（平成９）年は介護保険法が成立した年です。激しい議論の末、独立採算で行くには、介護保険の事業者として積極的に参入すべきとの結論に達し、２０００（平成12）年４月の制度スタートと同時に介護保険事業に参入しました。現在は他事業者との激しい競争のなかで居宅サービスの約６割を社会福祉協議会が占めるに至っています。ちなみに宮古市の介護保険サービスは全て民間事業者で行われていますが、社会福祉協議会の質の高いサービスが他の事業者の目標となりサービスのレベルを落とせない緊張した状況をつくっています。

さらに2004（平成16）年には競争原理のなかで養護老人ホーム運営の指定管理者の指定を受けました。コストの削減とサービスの拡大を図る提案のもとに、直営時は24人だった職員数が33人に増え、サービスが飛躍的に充実されたにもかかわらず、施設運営事業費は直営時に比し2006（平成18）年度は約20パーセントも減少する見込みです。

このように宮古市社会福祉協議会は「市民のために社会福祉協議会が存在する」という理念を職員全員が共有し宮古市福祉構造改革の牽引役としてなくてはならない大きな存在に成長しました。全国各地で社会福祉協議会のあり方が大きな問題となっている今、宮古市社会福祉協議会は、成功例として全国から視察が絶えません。

秋田県男鹿市

（男鹿市船川港字泉台66−1　電話0185−23−2111　http://www.city.oga.akita.jp/）

□［市長］佐藤一誠（28ページ参照）［人口］3万6258人（平成17年3月末　住民基本台帳）［面積］240・8平方キロメートル［職員数］434人［市長部局（病院、企業局をのぞく）　平成17年4月1日］［財政］平成17年度普通会計予算　16億8100万円／財政力指数　0・385（平成16年度決算）／経常収支比率　92・8（平成16年度決算）□

本市は、時代の変化や多様化する行政需要に対応しつつ、市民福祉の維持増進を図るため、1985（昭和60）年に第1次男鹿市行政改革大綱を策定して以来、今日まで第4次にわたり行政改革大綱を策定し、これに基づき、業務の民間委託など事務事業の見直しをはじめ、組織・機構の簡素合理化、公共施設の統廃合、職員定数の見直しなどに積極的に取り組んできた。

そのなかで、これといった特徴のある推進項目はないが、第3次行政改革大綱に位置づけた総合窓口の設置が印象にのこるものの一つである。

総合窓口は、通信ネットワークを活用し、各種申請事務手続きの簡素化と迅速化を進め、市民の立場に立った行政サービスの向上を図ることを目的に設置したもので、窓口業務の一元化、いわゆるワンストップサービスであり、2001(平成13)年度から実施したが、市民からはたいへん喜ばれ、当時は県内に先駆けて開始したこともあり注目を集めた。

体制は、庁内10課、所の窓口業務に対応し、一つの窓口で申請、届出の完結を図るもので、戸籍、住民票、印鑑証明等の申請書を統合し1様式にして、申請は聞き取りによる機械出力とし、来訪者が記入するのは基本的に署名のみとしている。

また、後方支援として国民健康保険、国民年金の担当課を総合窓口と同一スペースに移設し、戸籍係とともに複雑な事務についての支援体制をとっている。

開設にあたっては、担当課とともに窓口事務の総点検を行い、慣行による無駄や重複の排除、チェックシートの活用による手続き遺漏等の防止など、事務のマニュアル化を図ったほか、随時のミーティングによる情報と知識の共有化を図るなど研修体制の確立に努めたところである。

当面の課題として、福祉事務所関係事務の取り扱いや戸籍の電算化、マニュアルの修正・改定、繁忙期における体制の検討などがのこされているが、今後とも、みんなで知恵を出し合いながら改善に努め、住民サービスの向上に努めていきたいと考えている。

山形県長井市

(長井市ままの上5－1　電話0238－84－2111　http://www.city.nagai.yamagata.jp/)

□長井市は1954（昭和29）年市制施行し、本年で51周年を迎えました。山形県の南部、置賜地方に位置します。市内には、吾妻山系を源流とする最上川、飯豊山系を源流とする置賜白川、朝日山系を源流とする置賜野川の3清流が貫流し、あやめ、白つつじ、萩などの花が四季を彩ります。「水と緑と花の長井」をスローガンとし、高度技術によるものづくりの伝統や生ごみの地域内循環システムのレインボープランの取り組みなどを生かし、協働・創造・未来の鼓動　実感〝ながい〟のまちづくりを進めています。□［市長］目黒栄樹（32ﾍﾟｰｼﾞ参照）／［人口］3万1987人（平成12年度国勢調査）［面積］214・69平方ｷﾛメートル［職員数］227人（一般行政職）［財政］平成17年度普通会計予算　109億2500万円／財政力指数（平成16年度決算）0・456／経常収支比率（平成16年度決算）98・8□

取り組み事例「学校給食民間委託」

学校給食の民間委託は「民間でできることは民間で」という市長の方針に基づき、2000（平成12）年11月策定の長井市行財政改革大綱［計画期間2001（平成13）年度～2005（平成17）年度］において「調理部門の民間委託については、調理部門の献立作成、食材調達、調理作業等の業務形態を精査し、民間委託になじむ業務を選定していくとともに、設備や委託契約書等の民間委託への環境づくりを効率的、確実に推進していきます」と定めました。以降、作業工程、作業動線と調理場設備等の将来的検証と調理業務指示書の作成と受け皿会社の総合的調査を開始し、また、定員管理について、調理場職員の配置転換計画の作成に取りかかりました。

2002（平成14）年12月には行財政改革本部会議で業務の委託を前倒しで進めることにし、準備作業のスピードアップを図りました。その後、業者から契約金額の参考見積もりの提出を求め、その平均値と当時の職員の人件費との比較検討を行いました。

とくに調理委託については、市民に対する説明が最も重要と考え、2003（平成15）年8月に「長井市の学校給食について」を教育委員会で策定し、市民、保護者に対する説明資料とし、各学校に出向き、学校給食に関する説明会を各校1回、計8回行いました。保護者の意見は、委託を絶対反対という声もありましたが、全体的には、現在の給食の安全、安心が確保されれば委託は了承という意見でした。議会においても、「業務委託の是非」、「労働者派遣業務」「プロポーザル方式による随意契約」「現在の調理員の今後の処遇」等について活発な議論が交わされました。

調理員については処遇の問題があるので、職員組合、また、本人からの希望職種の聞き取りを行い対応しました。調理員の職場がなくなるために、職員は、個々人の葛藤を超えて2004（平成16）年度から学校用務員や運転業務に異動あるいは公立置賜病院に派遣されました。

以上の経過を経て、2004（平成16）年度から学校給食共同調理場の運搬、調理業務の委託を開始し、2000（平成12）年に実施した給食搬送業務を含め、学校給食に関わる経費は約45パーセント削減しました。

埼玉県川口市（川口市青木2－1－1　電話048－258－1110　http://www.city.kawaguchi.saitama.jp/）

□川口市は埼玉県の南端に位置する県内有数の都市です。荒川を隔てて東京都に接し、江戸時代から鋳物や植木などの産業が発達。その後、住宅都市化が進みました。今日では、人口49万人を超え、首都東京と隣接しているという利便性を活かしながら、固有の伝統ある〝ものづくり〟のまちとして、活力あるまちづくり・人づくりを目指します。その具体化に向けて策定された「第3次川口市総合計画」では、「人間性の尊重」「環境との共生」「市民との協働」「地域性の尊重」の4つの基本理念を掲げ、将来都市像を「緑　うるおい　人　生き活き　新産業文化都市　川口」と定め、毎日をいきいきと過ごす市民を主人公に、自然と共生し、これまでの川口の発展を担ってきた産業とともに新しい産業文化都市の実現を目標に、だれもが住んで良かったといえる街づくりを推進しています。□〔市長〕岡村幸四郎（36ﾍﾟｰｼﾞ参照）〔人口〕49万３２４２人（住民基本台帳および外国人登録　平成17年10月1日）〔面積〕５５・７５平方ｷﾛメートル〔職員数〕３９６５人（平成17年4月1日）〔財政〕平成17年度普通会計予算　１２８３億１４０４万円／財政力指数　０・９７５／経常収支比率　８５・４（平成16年度決算）□

２００２（平成14）年３月に策定した第３期目の行政改革大綱に基づき、給与制度の見直しや資源ごみの新分別収集事業、および既存市立保育所民営化事業としての指定管理者制度導入等により、45億４５５１万円の経費を削減するとともに、市民税等の滞納整理事業や用途廃止可能な用地売却事業等で62億１６４８万４千円の自主財源を確保し、２００２（平成14）年度から２００４（平成16）年度までの３か年で、総額１０７億６１９９万４千円の削減等効果額を達成した。

さらに、職員の定員適正化計画において、１９９８（平成10）年度から２００２（平成14）年度までの５年間で、１０３人を、また、２００３（平成15）年度から２００５（平成17）年度の３年間では１２０人を削減するなど、職員の定員適正化に積極的に取り組んできたところである。

現市長は市長就任以来、「人づくりなくして郷土《まち》づくりなし」を唱え、その人づくり施策の大きな柱の一つが市民のボランティア活動の推進であり、２０００（平成12）年６月には、県内自治体に先駆け、活動の拠点施設「ボランティアサポートステーション」を川口駅前に開設した。また、２００１（平成13）年のボランティア国際年を機に「日本一のボランティアの街」を目指す方針を決定し、２００３（平成15）年３月には、１億円の「ボランティア人づくり基金」を設置するとともに、この基金を活用し、市民活動団体向けの公募提案型の助成制度を導入した。

さらに、教育改革の取り組みの一つとして、通学区自由化プランによる学校選択制の導入を２００３（平成15）年度から24の中学校で実施し、今年度からは、49の小学校でブロック制を基本に導入している。

こうした取り組みのほか、２００３（平成15）年７月１日に締結した早稲田大学との基本協定に基づき、官学連携事業の一環として、市民本位の行政経営を確立するため、経営品質向上活動に取り組み、職員が主体的に創意工夫し、継続的な改革・改善の取り組みが組織内に定着する状態を目指すとともに、本市が所有する施設やその環境を重要な経営資源と捉え、長期修繕計画や維持管理コスト、余剰施設の処分等、資産の最適運用を図ることを目的とする経営管理活動であるファシリティマネジメントを導入し、市有財産の有効活用と効率的運用について調査・研究を開始した。

埼玉県久喜市

（久喜市大字下早見85－3　電話0480－22－1111　http://www.city.kuki.saitama.jp/）

□久喜市は、1971（昭和46）年市制施行し、本年で、34周年を迎えました。埼玉県の東北部に位置し、JR宇都宮線、東武伊勢崎線の交差駅のほか、東北縦貫自動車道久喜インターチェンジがあり、交通の要衝にあります。また、首都圏中央連絡自動車道の建設と、東北道とのジャンクションが設置される予定となっています。□［市長］田中暄二（40ページ参照）［人口］7万3907人［面積］25・35平方キロメートル［職員数］308人（一般行政職）［財政］平成17年度普通会計予算　182億2400万円／財政力指数　0・894／経常収支比率　92・6（平成16年度決算）□

久喜市では、「時代を捉え、将来を見据えた行政の推進」「市民の視点に立った行政の実現」を基本方針に、効率性の追求や経費等の削減にとどまらず、市政運営の在り方の再構築を念頭に置いた付加価値の高い、質の改革も含めた「第3次久喜市行政改革大綱」並びに「第3次久喜市行政改革実施計画」を1999（平成11）年3月に策定し、行政改革に取り組みました。

1999（平成11）年度から2003（平成15）年度までの5年間を推進期間とする第3次行政改革大綱により、取り組みの対象項目193項目のうち、推進期間中に155項目を実施し、達成率は80・3パーセント、経費的効果としては、事務事業の実施による支出の増加、経費の削減および受益者負担の増加等を合わせて、約17億400万円の財政的効果をあげました。

おもな取り組み項目としては、「ISO14001の認証取得」があります。環境への負荷を低減する市の継続的な取り組みを推進するため、また、つねに問題意識をもって事務を遂行する職場風土とするための一つの取り組みとして、1999（平成11）年度に認証を取得しました。取得に当たりましては、業者に委託することなく、職員の手づくりにより、県内市町村で2番目に取得しました。

次に、「市役所LANの構築」があります。事務の効率化を図るために、市役所と出先機関を結ぶ市役所LANを2001（平成13）年度に構築し、2002（平成14）年度から稼動させました。

次に、「行政評価システムの導入」があります。「開かれた市政の推進」を基本目標に、2001（平成13）年度に行政評価システムを導入しました。政策、施策、事務事業の3階層の評価を行っていますが、2003（平成15）年度までの3年間で一応のシステムをつくりあげました。

以上が、第3次の行政改革の取り組み結果の概要ですが、今年度は、2006（平成18）年度から2010（平成22）年度までを計画期間とする第4次の行政改革大綱を策定しています。行政改革の課題の抽出にあたっては、各課からの提案のほか、職員1人1提案を基本に募集するとともに、広報紙、ホームページ、市内の公共施設の窓口で市民に提案を呼びかけ、職員からは219件、市民からは44件の提案がありました。これらの提案を基に案を作成し、行政改革懇話会の意見をいただきながら策定する予定です。

埼玉県蓮田市

（蓮田市大字黒浜2799－1　電話048－768－3111　http://www.city.hasuda.saitama.jp/）

□埼玉県の東部に位置する蓮田市は、1972（昭和47）年に市制施行しました。首都圏40キロ圏内にある、交通至便な住宅都市でありながら、元荒川、綾瀬川、見沼代用水や黒浜沼などの水辺、点在する屋敷林の緑が四季折々の彩りを見せる自然環境に恵まれたまちです。□［市長］樋口曉子（44ページ参照）［人口］6万4353人（平成17年12月1日）［面積］27・27平方キロメートル［職員数］296人（一般行政職）［財政］平成17年度普通会計予算　157億2200万円／財政力指数　0・752／経常収支比率　87・0（平成16年度決算）□

補助金の見直し

蓮田市行政改革推進委員会（市長の付属機関）が、担当部署へのヒアリング調査を含め9回の審議を重ね、2004（平成16）年8月にまとめた「補助金の見直しに関する提言」において、個々の補助金について、①事業費補助への移行②運営費補助のあり方などの補助金の見直し基準に沿い、各補助金の見直しの方向性（継続・減額・廃止・見直し）を判断した。

市では、この提言を受け、補助金等検討会議（庁内組織）で市の方針を定め、各部において提言を受けた見直しの方向性をもとに補助金の見直しを行い、2004（平成16）年度当初予算に計上した155件の補助金は廃止・統合等により2005（平成17）年度当初予算では110件となり、また、約1300万円の実質削減を実現した。

今後は、事業費補助への移行という見直しの趣旨を個々の団体に理解してもらい市と補助団体との協力体制を築くこと、市民活動への助成につながる公募型補助金制度の導入を進めていくことなどの課題を解決するため継続的に見直しに取り組んでいきたい。

市民が主役の市役所運動

「生活者の視点を生かした市民が主役のまちづくり」を進めるため、職員の意識を市民本位の意識に変えることを目標として1999（平成11）年度から取り組んできた。2004（平成16）年度は、〝職員全員が経営感覚を身に付ける〟ため、「経費節減」を統一テーマに、部・課単位で目標スローガン（数値化）を設定し、年間を通じて目標達成に向けて業務改善に取り組んだ。

その結果、経費削減目標額1億7200万円に対し、1億4404万5千円の節減（83・8パーセントの達成率）となり、一定の成果が得られた。

2005（平成17）年度も、昨年度の基本的な考え方を引き継ぎながら運動を推進している。

改革推進担当顧問の設置

2003（平成15）年度から行政改革推進担当顧問を設置した。民間経営手法等に熟知した企業経営者および大学教授に、市長に対するアドバイザーとして就任いただいた。

あわせて、機構改革により設けた改革推進室を通じ、職員研修や市民が主役の市役所運動の推進などに指導・助言をいただいている。

千葉県佐倉市

（佐倉市海隣寺町97　電話043－484－1111　http://www.city.sakura.lg.jp/）

□佐倉市は、1954（昭和29）年市制施行し、千葉県北部、北総台地の中央部に位置し、成田国際空港へは東へ15キロ、県庁所在地の千葉市へは南西へ20キロ、市北部には印旛沼が広がります。緑のなかに育まれた、歴史と文化の風情が漂うまちです。□［市長］渡貫博孝（49ページ参照）［人口］17万5068人（平成17年10月末）［面積］103・59平方キロメートル［職員数］1059人（一般行政職　平成17年4月1日）［財政］平成17年度普通会計予算　361億4500万円／財政力指数　0・971／経常収支比率　96・5（平成16年度決算）□

第3次行政改革［2001（平成13）年～2003（平成15）年度］では、10項目60事項中51事項が達成され、効果額で総額2億4096万6千円、削減時間にして5113時間の効果がありました。実施項目のうちおもなものは次のとおりです。

まず「事務事業の整理合理化」では、「行政評価の導入」として、施策の成果、事務事業の効果、事業別コストなどを測定・公表する行政評価制度の概要を決定し、測定を開始しました。また、「学校開放の窓口一本化」として、2か所にわかれていた学校開放の受付窓口を統一しました。

次に「民間活力活用の推進」では、「学校用務員業務の民間委託」を9校で実施しました。今後も用務員の退職にあわせて順次民間委託を推進します。また、「図書館夜間業務の民間委託」も実施しました。

「行政サービスの向上」では、「総合窓口（ワンストップサービス）の推進」として、市民の転出入にともなう関係手続きのワンストップサービス化を実施しました。

「組織・機構の見直し」では、「全庁スタッフ制の導入」により係制を廃止し、所属長の裁量で所属内の人員を臨機応変に配置できる制度を導入するとともに、組織のフラット化により事務決裁の迅速化を達成しました。

「市民活動の支援と行政関与の見直し」では、「市民公益活動推進施策の基本方針策定」と、その具体策として市民公益活動サポートセンターを開設しました。

また、職員の意識改革に関する取り組み事例としては、イントラネットにおける電子会議室「減らしてガッテン！～経費節減を目指して～」の開設があげられます。

これは、仕事の進め方や従来からの慣行等に埋もれている非効率（ムリやムダ）を見つけ出し、新たな創意工夫を促すことをねらいとしたもので、３か月あまりの開設期間中、約２６０件の意見が交わされました。有意義な発言については、第４次行政改革における「集中改革プラン」に取り入れていくことにしています。

今後は、現在策定中の「佐倉市行財政運営方針」（第４次佐倉市行政改革大綱）に基づき、３つの視点（効率性重視、成果重視、市民協働）から改革の取り組みを進めます。

東京都稲城市

（稲城市東長沼２１１１　電話０４２－３７８－２１１１　http://www.city.inagi.tokyo.jp/）

□稲城市は１９７１（昭和46）年に市制施行し、本年で34周年を迎えました。東京都心の西南約25キロメートル、南多摩地区の東端に位置し、ＪＲ南武線、京王電鉄相模原線、中央自動車道稲城インターチェンジに直結する稲城大橋有料道路があり、都心へのアクセスに優れています。万葉集に多摩の横山と詠われた緑豊かな多摩丘陵と多摩川の清流に育まれたこの地は、首都圏のベッドタウンとして発展し続けています。□［市長］石川良一（53ページ参照）［人口］７万６６７０人（平成17年12月1日現在）［面積］１７・９７平方キロメートル［職員数］３４９人（一般行政職）［財政］平成17年度一般会計予算　２５８億８８００万円／財政力指数　０・８７９／経常収支比率　８４・４（平成16年度決算）□

自動電話催告システムによる未収金対策の強化

1996（平成8）年に収納担当課を組織し、地方自治体の歳入の根幹をなす市税の徴収率アップに取り組み、税の未納者には督促・催告・臨戸訪問・資産調査・滞納処分を行い、滞納整理を行ってきました。導入までは人海戦術によっていましたが、人手や労力をかける割に効率が上がらず、効率的な方法を模索しておりました。そこで電話等を活用したシステムがないか研究していたところ、電話を利用した自動電話催告システムが業者より提案され、これを共同研究・共同開発し、2002（平成14）年度から導入することとしました。

1997（平成9）年度にあっては、夜間6時から8時まで4日間、延べ65人の職員が760件の催告を行いましたが、本システムの導入により2002（平成14）年度の自動電話催告システムでは、同じ条件下で延べ16人で752件に催告することができました。とくに準備作業はなく、対象者をコンピュータから抽出し活用が図れること、未納者の電話番号を登録し自動的に電話をかけることができること、相手の滞納状況が画面に表示されること、交渉情報は端末PCから入力できることなど、使用しやすいシステムとなっています。

2004（平成16）年度の催告件数は2万2800件、直接交渉件数は4600件、納付約束は2500件、納付約束金は8900万円となっています。導入前の2001（平成13）年度では現年市税収納率が97・7パーセントで、都下26市で19位、滞納額累計では7億900万円でしたが、導入後の2004（平成16）年度では、現年市税収納率が99・2パーセントで都下第1位、滞納額累計は4億4300万円に減りました。この結果は、自動電話催告システムの導入をはじめ、口座振替促進や月2回の休日窓口の納税相談、都と連携した不動産公売など、日々の収納努力によるもので、今後も引きつづき取り組んでまいります。

職員数の適正化による人件費の削減

簡素で効率的な執行体制を築くため、第２次行政改革では職員数の削減目標を、職員数と人口との割合で他市と比較する、いわゆる「職員１人の受け持ち人口」を一つの指標とするとともに、外部委託等による職員配置の見直しを行五つ、職員数の適正化に努めてきました。受け持ち人口は、都下26市の平均値（１４３・３人）を上まわる数値（１５４人）を目標に、５年間で30人の削減を実施しています。その結果、２０００（平成12）年度の職員数５０６人に対し、２００１（平成13）年度から２００４（平成16）年度までの４年間に４８１人（受け持ち人口１５５人）に削減し、約３億１５００万円の人件費の削減を図りました。

新潟県燕市

（燕市白山町2－7－27　電話0256－63－4131　http://www.city.tsubame.niigata.jp/）

□燕市は、１９５４（昭和29）年市制施行し、本年で、51周年を迎えました。新潟県のほぼ中央に位置し、北陸高速自動車道のインターチェンジと上越新幹線「燕三条駅」の２大高速交通機関を有しています。また、古くから金属加工の地場産業都市として発展し、金属洋食器、金属ハウスウエアの生産地です。□［市長］高橋甚一（57ページ参照）［人口］４万４０５４人（平成17年10月末）［面積］３９・２７平方キロメートル［職員数］３８８人（一般行政職）［財政］平成17年度普通会計予算　１３３億１０６４万円／財政力指数　０・７９７（３か年平均）／経常収支比率　８９・９（平成16年度決算）□

当市におきましては、２０００（平成12）年８月に「燕市行政改革外交第２次実施計画」の策定、２００２（平成14）年３月に「ＩＳＯ１４００１」取得、２００４（平成16）年10月には「燕市行政改革大綱改訂版」を制定するなど行政改革を推進しているところです。

初めに、民間委託および民営化の推進についてですが、小中学校および幼稚園の給食を、1971（昭和46）年度から市内事業所に昼食を配達しています厚生福祉事業（協）へ委託し、ごみの収集運搬業務を1987（昭和62）年度から市内の3業者に全面委託する等早い時期から民営化への取り組みを行い施設面や職員の削減等を進めてきました。また、今年6月1日には、公営ガスを白根ガス㈱に約43億円で譲渡し、その譲渡益により教育施設の整備、消雪パイプ布設および都市下水路の整備などに活用すると共に今後においては、職員の削減並びに道路占用料、固定資産税や法人税等の財源を得ることができました。

次に、職員の削減については、第2次定員適正化計画を2000（平成12）年度に作成し、2005（平成17）年度までに15人の削減を策定しましたが、合併等の事情により退職者の補充については、技術職は最小限度の補充を、一般事務職は不補充を行うことにより計画をはるかに上回る40人の削減を行うことが出来ましたが、その反面、臨時職員の雇用が増えています。

次に、勤務評定については、2002（平成14）年度より自己評定→課長級による評定→総務課長による相対評定→助役による最終評定とし、100点を5段階の評定区分として勤勉手当の成績率にリンクさせ実施することにより、職員の執務に対する意識改革を行ってきました。さらに2005（平成17）年6月より、評価方法に職務での成果・評価の自己申告を加え、成果がとくに顕著であると認められた場合に最大20点の加点を与えることにより、職員のやる気や意欲を引き出すことを期待しています。

次に、職員の経営に対する意識改革および行政運営の継続的な見直しや改善を行うため、行政評価システムを2002（平成14）年度より3か年計画の試行として導入し、職員研修や基本設計の説明また当市に合ったシステムの作成などを委託業者と検討を進めてきました。2005（平成17）年度は、本格的な実施を計画し、約240事業について評価を進めています。本システムの導入により、事業のコストや分析など今までとは違った観点で見直す機会となると考えています。

当市においては、2006（平成18）年3月の合併を控えていますが、新市においても民間委託、行政改革および行政評価等を活用し、経費の削減や事業へのコスト感覚などを通し、問題に対する取り組む姿勢など意識改革を今以上に進めたいと考えています。

新潟県村上市（村上市三之町1－1　電話0254－53－2111　http://www.city.murakami.niigata.jp/）

□村上市は１９５４（昭和29）年市制施行し、本年で51周年を迎えました。古くから新潟県北の城下町として栄え、瀬波温泉をはじめ、恵まれた自然と歴史が生み出した伝統・文化を誇る観光文化都市です。市の中心部には母なる川・三面川が流れており、村上城跡のある臥牛山を中心とした旧武家町・商人町の町並みは、自然と歴史が調和した文化薫る風情を今にのこしています。□［市長］佐藤　順（62ページ参照）［人口］３万０７１６人［面積］１４２・１２平方キロメートル［職員数］３０９人［財政］平成17年度普通会計予算　１０４億３８００万円／財政力指数　０・５０９／経常収支比率　９１・２□

本市では、これまでも職員の削減（平成14→平成17、26人減少）、業務委託の推進（学校給食、用務員など）を行って歳出を抑制してきましたが、２００４（平成16）年10月に合併しない道を選択したことから、元気の出る村上市をつくるため、財政計画を反映した５か年間の実行書となる「むらかみ再生計画（村上市総合計画の後期基本計画）」の策定に取り組んでいます。

この計画には、２００６（平成18）年度から２０１０（平成22）年度までの事業実施計画、施設見直し計画（指定管理者制度の導入を含む）、財政健全化計画、職員の定員や給与の適正化に加え、補助金等に関する基本指針、協働のまちづくり指針などが含まれており、８月には、公募を含む住民で組織する『むらかみ再生計画策定委員会』を立ちあげ、「再生計画の骨子や策定方針」の決定と各指針への提言をいただきました。その後、延べ11回の市民説明会を経て、11月から市民参加の『まちづくり市民会議』を組織するに至っています。今後、市民会議のなかで計画の検討を行い、２００６（平成18）年

3月には目標数値を含めた計画の内容を市民へ公表する予定です。

また、市民説明会において、若者の定着を図り元気な市になるための産業活性化施策や、教育環境の充実などに対する意見や要望が出されたことは、この計画への期待と受け止めています。そして『まちづくり市民会議』が「市民主体の協働型社会」の実現に向けての第1歩となるために、既存の枠にこだわらない運営を目指します。

なお、『まちづくり市民会議』は次年度以降も継続し、計画の検証と見直し（PDCAサイクルの導入）を行ってもらうことにしています。

富山県滑川市

（滑川市寺家町104　電話076－475－2111　http://www.city.namerikawa.toyama.jp/）

□滑川市は、1954（昭和29）年市制を施行し、本年で52周年。県の中央部からやや北よりに位置し、富山湾に面した田園都市です。古くから越中売薬で親しまれている「配置家庭薬」の生産地として、また近年では大型企業の立地が相次ぐなど、工業都市としての様相も呈しています。滑川の沖合いは、世界的にも有名なホタルイカの生息地でもあり、その群遊海面は特別天然記念物に指定されています。このホタルイカをテーマに、その生態や自然環境などを教育的かつ観光的に取りあげた世界でただ一つの「ほたるいかミュージアム」や近年注目を集めている海洋深層水を使った健康増進施設「タラソピア」と海洋深層水の分水施設「アクアポケット」が連日にぎわいを見せています。□［市長］中屋一博（66ページ参照）［人口］3万4254人［面積］54・61平方キロメートル［職員数］149人（一般行政職）［財政］平成17年度普通会計予算　120億2537万円／財政力指数　0・597／経常収支比率　86・8（平成16年度決算）□

本市における現行の行革大綱［実施期間　２００４（平成16）年度～２００８（平成20）年度］策定の経緯は、２００２（平成14）年度に、市内各地区での住民懇談会、合併に関するシンポジウム、各種団体との懇談会等を開催し、意見を聴取するとともに、市民アンケート結果等を踏まえ、当面合併は行わず、徹底した行財政改革を進めながら単独での市政運営をつづけるとの市長の方針に基づき、当事進行中であった第３次滑川市行政改革大綱［実施期間　２０００（平成12）年度～２００４（平成16）年度］の終期を１年前倒しして、２００４（平成16）年２月に策定し、公表したものである。現大綱の基本的視点は、「行政運営の効率性の追求」と「住民自治の充実」であり、その推進方策として①職員の意識改革、②市民の参画を掲げ、最少の経費で最大の効果をあげるために、事務事業の見直し、財政運営の健全化、組織機構の見直し、定員と給与の見直し等を基本に取り組んでいる。

実施１年目の２００４（平成16）年度末の実績としては、90項目の行革取り組み項目中、目標に対する実施完了済が31項目、実施完了後引きつづき継続中が31項目、検討継続中が25項目、未実施０項目、現行どおりを可としたものが３項目となっており、実施による経費節減効果は６６３７万２千円となっている。

本市職員数の状況は２００５（平成17）年４月１日現在で、２５６人であり、人口（３万４２５４人）当たりの職員数は、類似団体と比較しても、低いもの［定員モデル比較（一般行政職10人の減員）］となっている。しかしながら、現行革実施計画では、２００８（平成20）年度までに８人削減（３パーセント削減）する計画としており、今回の集中改革プランで、４・６パーセントを目標にさらなる削減を検討中である。

また、議会においても行革の一環として議員定数の削減に取り組まれ、２００５（平成17）年11月の選挙から20人が16人となったところである。

職員の意識改革については、「職員の資質向上と意識改革に関する行動計画」を策定し、自己啓発の推進として、職員による自主的な勉強会を月２回開催している。また、自己の職務や能力向上の目標と行動計画を上司と協議して自己管理する目標管理制度を、全職員を対象に導入している。職員提案制度については、事務改善だけでなく政策提案についても可能とし、常時受け付けることにした。

2004（平成16）年2月「第4次滑川市行政改革大綱」［実施期間2004（平成16）年度～2008（平成20）年度］を策定。

2005（平成17）年度、「集中改革プラン」の策定に取り組み中。

行革実施済み項目

□**事務事業の見直し**□給食調理場運営の民営化［検討の結果、民間委託による経費節減が見込めないため、当面現行どおりとした。2004（平成16）年度］。

□**財政運営の健全化**□職員駐車場の有料化［2005（平成17）年度からマイカー通勤職員1人毎月千円を徴収、2005（平成17）年度徴収見込額200万円程度］／管理職職員を中心として、年2回（5月、12月）集中滞納整理（臨戸徴収）を実施［2004（平成16）年度～、2004年度実績1666万3千円］。

□**市民サービスの向上**□窓口等における対応の改善策の一つとして、税務課で月曜延長窓口（21時まで）を実施［2005（平成17）年度より］。

現在検討中の項目

□**事務事業の見直し**□市立幼稚園（1園）の存廃の検討、市立保育所の民営化の検討［2006（平成18）年度まで］／市営バス・コミュニティバス・福祉バスの一体的運行の検討［2007（平成19）年度まで］。／定員管理の適正化［2004（平成16）年～2008（平成20）年度までの5年間で3%の削減。2004（平成16）年度実績5名］。集中改革プランでさらなる削減（4・6％以上）を検討中。

職員の意識改革に関する取り組み事例

職員の資質向上と意識改革に関する行動計画を策定［2004（平成16）年8月］し、実施中。

□職員チャレンジシートの作成（全職員が自己の職務遂行、能力向上等のチャレンジ目標を設定し、達成に向けて努力する目標管理を実施）。

□職員提案制度の充実（従来は事務改善提案のみであったが、新たに政策提案を追加）。

福井県小浜市（小浜市大手町6－3　電話0770－53－1111　http://www.city.obama.fukui.jp/）

□小浜市は、1951（昭和26）年3月、1町7村の合併により若狭の中心都市として誕生し、ついで1955（昭和30）年2月、さらに2村を編入し現在に至っています。福井県の南西部に位置し、北は国定公園の指定を受けた日本海で唯一の長いリアス式海岸を有する若狭湾に面し、南は、東西に走る京都北部の山岳地帯で一部滋賀県とも接しています。□［市長］村上利夫（70ページ参照）□［人口］3万3295人［面積］232・85平方キロメートル［職員数］243人（一般行政職）［財政］平成17年度普通会計予算　132億4793万円／財政力指数　0・459／経常収支比率　94・2（平成16年度決算　ただし、減税補てん債の一括償還分をのぞく）□

□小浜市は、「**心やすらぐ　美食の郷　御食国**《みけつくに》　**若狭おばま**」をテーマにして、食を育み、農林漁業、観光、産業の振興、福祉、教育へつなげる、「**食のまちづくり**」を目指しています。２００１（平成13）年９月には、「食のまちづくり条例」（日本で初めて）を制定しました。

□「**プロジェクトチーム**」……まちづくり推進のために市民参加型のプロジェクトを設けています。参加者は、市民が６割、職員（地区在住および専門分野）４割となっています。

□「**いきいきまちむらづくり**」……小学校区単位の12地区に自主的な委員会を設置。ソフト事業をテーマに、「自分たちのまちは自分でつくる」ことを目指し、農業、福祉、環境、文化、教育等のテーマを設けて、市民主導で活動しています（補助金50万円／年　３年間）。

□「**夕方楽習会**」……若手職員の研修会として、月１回午後５時15分から１時間程度、それぞれの専門分野の係長級が講師となり話をしています。約40名程度が参加しています。

□２００２（平成14）年度から「**杉田玄白賞**」を創設し、食とかかわる医学の研究で功績のあった人を表彰しています。

□２００２（平成14）年度から、「**若狭おばまビエンナーレ『命のかたち』展**」を創設し、食をテーマとした全国公募絵画展を行っています。

□「**キッズキッチン**」……まちづくりの拠点施設食文化館で実施。市内の幼児全員が参加。

長野県飯山市

（飯山市大字飯山１１１０－１　電話０２６９－６２－３１１１　http://www.city.iiyama.nagano.jp/）

□飯山市は、１９５４（昭和29）年市制施行し、昨年度で、50周年を迎えました。長野県の県北に位置し、日本でも有数の豪雪地帯となっています。また、市内の中央を千曲川がゆったりと流れて、周りのなだらかな山々が美しい景観をみせ、日本のふるさとにふさわしい豊かな風土と魅力をつくりだしています。□［市長］木内正勝（74ページ参照）［人口］2万6006人［面積］202・32平方キロメートル［職員数］175人（一般行政職）［財政］平成17年度普通会計予算　145億5188万円／財政力指数　0・303／経常収支比率　87・9（平成16年度決算）□

飯山市の行財政改革については、現在、2003（平成15）年3月に策定した飯山市第3次行財政改革大綱（実施計画）に基づき、その具体的な取り組み方策である飯山市第3次行財政改革アクションプラン（行動計画）に沿ってさまざまな改革を実行しています。

ここでは、大綱の一つの柱である効率的な行財政運営の推進について取り組み事例を紹介します。

職員の定員管理については、大綱では期間中40人の削減を目標としましたが、事務事業の見直し、組織の改編、公社等からの職員の引きあげなどの努力により、2年前倒しで2005（平成17）年4月に目標を達成しました。人件費の削減も大幅に行っており、現在、一般職給料の6～3パーセントの減額や時間外手当の管理の徹底、管理職手当の62・5～60パーセントの減額［2001（平成13）年度との比較］を実施中で、特殊勤務手当や議員・理事者・職員の日当はすべて廃止しました。また、理事者給料は25～16パーセント、議員報酬は10～5パーセントの減額を行っています。

さらに、適正規模保育所の運営を図ることから、保育園の統合を進め、ここ5年間で4園が閉園となりました。中学校の統合についても中学校適正規模等審議会を設置し統合を検討しています。また、施設管理については、来年度からの指定管理者制度への移行に向け、その取り組みを行っています。

各種補助金・負担金の見直しでは、2003（平成15）年度に一律5パーセントの削減をし、2004（平成16）年度は1件ごとの見直しを実施し、あわせて、旅費日当や施設維持管理経費等の経常的経費の見直し・削減を進め、未利用市有地の積極的処分や基幹収入である市税の徴収体制を強化し、収入確保に努めています。

このほかに、経費の削減のみでなくサービス向上の取り組みとして、日本一親切な市役所づくりに取り組んでいるところです。これは職員自身が変われば市役所も変わり、ひいては市も変わっていき日本一親切な市となり、市長が提唱している親切産業・旅産業興しにつなげ賑わいのあるまちづくりをしていこうとするものです。また、職員・職場変革基本方針の策定、職員目標管理の導入、人材育成と連携した人事評価制度の策定、あいさつ運動の励行や職員出前講座の開設等を通じ、職員の資質の向上や住民の目線に立った対応に取り組んでいます。

長野県岡谷市

（岡谷市幸町8－1　電話0266－23－4811　http://www.city.okaya.nagano.jp/）

□岡谷市は、1936（昭和11）年4月に市制を施行し、本年70周年の節目の年を迎えます。かつては「シルク岡谷」として世界にその名を馳せ、現在は21世紀型技術体系の基盤をなすナノテクノロジーをベースとした「スマートデバイス」の世界的供給基地を目指し、産学官連携のもと「ものづくりのまち」として歩んでおります。□〔市長〕林　新一郎（78ページ参照）〔人口〕5万4982人（平成17年4月1日）〔面積〕85・19平方キロメートル〔職員数〕359人（一般行政職）〔財政〕平成17年度普通会計予算　209億3500万円／財政力指数　0・665／経常収支比率　86・2（平成16年度決算）□

当市における行政改革は、これまで、「市民（顧客）サービスの充実」、「行政評価システムの構築（顧客志向、成果志向、コスト意識）による改革改善志向の醸成」を基本目標に掲げた第3次岡谷市行政改革大綱により推進してまいりました。

この大綱は、2002（平成14）年度から2004（平成16）年度を計画期間とし、市民起点の行政改革を進めるため、新たな取り組みとして、岡谷市行政改革審議会と市との協働作業によって策定したものであります。

基本目標に掲げた行政評価システムについては、「職員の意識改革、政策形成能力の向上」、「事務事業執行の改革改善」、「重要性の低い事業の休廃止、事業の優先順位付け」の３つをおもな目的として導入し、２００１（平成13）年度からシステムづくり、職員研修を重ねてまいりました。

２００４（平成16）年度に、導入目的の一つである「事務事業執行の改革改善」をおもな狙いとして、第３次岡谷市総合計画の目的体系に沿って整理した全事務事業に対する「事務事業評価」を実施し、公表いたしました。

「職員の意識改革、政策形成能力の向上」については、職員アンケートによると２００４（平成16）年度の本格導入が職員の意識改革のきっかけとなったものと考えられますが、一朝一夕に身に付き、定着するものではなく、今後も、行政評価システムを継続的に運用すると共に、職員研修の充実を図るなど、顧客志向の醸成に有効と思われる方策を講じて、一層進めていく予定です。

今後の行政改革は、地方分権の進展や三位一体の改革への対応等を踏まえ、第３次岡谷市行政改革大綱を継承し、さらに発展させる必要があります。そのことから本年度、岡谷市行財政改革プラン策定市民会議とともに策定した岡谷市行財政改革プランにより、市民総参加による特色のあるまちづくりをめざした行財政改革を積極的に推進してまいります。

行政評価システムについては、もう一つの導入目的である「重要性の低い事業の休廃止、事業の優先順位付け」に結び付けるため、２００６（平成18）年度から「施策評価」を実施し、岡谷市行財政改革プランの基本的な目標の一つとする予定の、「集中と縮小・廃止を基本とした事務事業の見直し」のツールとしても有効に活用できるよう、構築を進めたいと考えております。

長野県長野市

（長野市鶴賀緑町1613　電話026－226－4911　http://www.city.nagano.nagano.jp/）

□長野市は、長野県の北部、北アルプスに源を発する犀川の扇状地と千曲川の沖積地によって形成された肥沃な長野盆地に位置し、平安の昔から善光寺の門前町として親しまれてきました。1897（明治30）年に市制施行し、1997（平成9）年に市制100周年を迎え、その記念事業の最たるものとして、第18回オリンピック冬季競技大会、第7回パラリンピック冬季競技大会が開催されました。1999（平成11）年4月に中核市へ移行となり、昨年2月には2005年スペシャルオリンピックス冬季世界大会が開催されました。□〔市長〕鷲澤正一（82ページ参照）〔人口〕38万2036人（平成17年4月1日）〔面積〕738・51平方キロメートル〔職員数〕2875人（平成17年4月1日）〔財政〕平成17年度普通会計予算　1345億6000万円／財政力指数　0・687（平成16年度決算）／経常収支比率　81・9（平成16年度決算　減税補填債、臨時財政対策債除く場合　87・9）□

急速に変化する近年の社会経済情勢を背景に、地方分権時代にふさわしい、自主性・自立性に富んだ魅力と活力のある市政を市民とのパートナーシップにより発展させていくため、既存の枠組みや従来の発想にとらわれない新たな改革の視点に立った根本的な改革を実行するため、2003（平成15）年3月、長野市行政改革大綱および実施計画を策定しました。「市民と市の役割分担を明らかにし、パートナーシップに基づくまちづくりの推進」「民間の発想を取り入れた行財政経営への転換」「市民の目線で良質なサービスを迅速に提供」の3つの視点ごとに推進内容を分類してそれぞれ改革項目をあげ、策定から現在までに146項目のうち83項目を実施しました。

なかでも「民間でできることは民間で」の姿勢で、民間活力の活用を進めています。とくに、指定管理者の導入に当たっては、行政改革推進審議会内に、「市有施設の見直し検討部会」を設置し、市内のすべての公の施設を対象に、施設の設置目的、管理運営形態、利用状況等から見直しの検討を行いました。部会では市内の519施設について、「直営」・「一部業務委託の推進」・「指定管理者」のいずれの運営形態が適切か検討し、その検討結果を審議会から市長に提言していただきました。この提言を受けて、長野市では各施設の運営方針を決定し、228施設について指定管理者を導入することとしました。その後、合併により新たに長野市となった地区の施設についても同様に見直し検討し、17施設について導入とし、公募により2006（平成18）年4月から171施設について指定管理者へ移行します。長野市はこれまでも業務委託や非常勤職員の活用を進めてまいりましたので、今回の指定管理者の導入が大幅な職員数の削減にはつながりませんが、施設の管理運営費として約2億円の減額を見込んでいます。また、検討結果で「当面直営」となった施設についても可能なかぎり早い段階で指定管理者による管理運営に切りかえていくつもりです。

また、財政改革としては、2005（平成17）年3月に財政構造改革懇話会（外部委員7名）を設置し、今後の財政構造の在り方について論議を進めてきました。今後、財政構造改革懇話会の提言を受けて、財政構造改革プログラムを策定し、行政が関わるべき領域の適正化、受益者負担の適正化および給付水準の見直し、公共施設の再編等によるコスト削減、総人件費の抑制、増収対策の推進、などについて具体的に改革を推進します。

岐阜県各務原市

（各務原市那加桜町1丁目69　電話058－383－1111　http://www.city.kakamigahara.gifu.jp/）

□各務原市は、1963（昭和38）年4月1日市制施行。岐阜県の南部、濃尾平野の北部に位置し、岐阜市の中心部へ約8キロ、名古屋市へは30キロ圏内にあり、東海北陸自動車道、JR高山本線、名鉄各務原線が走る充実した交通網を備えた都市でもあります。2004（平成16）年11月1日、川島町（総面積8・21平方キロメートル、人口約1万人）と合併、新生「各務原市」として新たな出発をしました。□［市長］森　真（87ページ参照）［人口］14万9071人（平成18年1月1日）

〔面積〕87・77平方キロメートル〔財政〕平成17年度普通会計予算　375億6500万円／財政力指数　0・921／経常収支比率　83・4□

私は1997(平成9)年5月に市長に就任しました。前歴は、岐阜県議会議員を5期18年間つとめました。その頃から、行財政構造改革の必要性は、一貫して私の抱きつづけてきたテーマでした。それは多分に私の体内に、家業であった繊維問屋という商家の気風があることと、長い間政治と行政を見つめてきた経験によることが多いようです。

市長就任以来、約1年間、市役所内のあらゆる部課や現場をヒアリングや調査をし、担当課を中心とする特別チームを編成して、当市全般にわたる行財政構造改革の具体的プランを作成しました。そして、そのプランを概観し、一番難しい施策から大胆に実施しました。その由縁は、庁内や市議会そして市民へ、日本の成長期は終わり、地方自治体が双子の歳入減と市民需要増という矛盾した時代に突入、したがって新たなる市民サービスの展開に、行財政構造改革は、緊急且つ必至という、断固たる決意と実施を告げ、市政のよどみと決別するためでした。

1998(平成10)年、初めての私の予算で、長い間市議会でもその必要性が議論されながら継続されていた〝敬老祝い金〟の廃止と、「知恵と汗で市民サービスの1割アップと1割のコストダウン」を宣言しました。コストダウンは、従来の行政的積算方式から、マーケットプライスへの接近を断行することでした。

市長就任早々の、一定の市民と職員の業務に痛みをともなうこの施策に、当時の私の知人の多くは、かなりの衝撃があったようでした。

改革の突破口は、私の経験則から「最も困難なことから断行」が、最も効果的であると考えます。

その後、少子化が進行するなか、各務原市立幼稚園3園と私立幼稚園13園の競合によりいずれも定員枠の6割程度しか児童が入園していないという現状を深く考えました。後者の授業料が普通で、前者のそれは市立であるが故に安く、運営費補助に年間1億2千万円もの市費の支出が余儀なくされていました。

幼稚園教育は民間に任せ、その上で市立の保育所、民間幼稚園、公立の小中学校の一貫した教育ネットワークの充実が至当であると考え、3年間の経過措置をおき、2004（平成16）年度、伝統ある市立幼稚園の廃止に踏み切りました。

また、物価の高い勤務地で勤務する市職員だけが本来支給される調整手当等諸手当が、高度成長期の随性で県下の全ての市職員に支給されていました。本市は、県下で先駆的に全廃しました。

これらは改革の一例ですが、そのほか、包括的行財政構造改革の結果、本市は、1997（平成9）年度に比べ、2004（平成16）年度で年25億5千万円余の行財政改革を達成し、今日おかげ様で健全財政下にあります。

静岡県磐田市 （磐田市国府台3−1　電話0538−37−2111　http://www.city.iwata.shizuoka.jp/）

□磐田市は、1948（昭和23）年4月に市制施行。2005（平成17）年4月1日、磐田市、福田町、竜洋町、豊田町および豊岡村が合併し、新「磐田市」が誕生しました。日本のほぼ中央、西に天竜川、南に遠州灘を擁する静岡県西部の中核都市で、東西交通の要衝として発展してきたこの地は、豊かな自然に恵まれ、茶、メロン、海老芋等の農業産出額は県内屈指。工業はオートバイ、自動車、電子部品、楽器等を産出し、全国有数の工業都市です。□〔市長〕鈴木　望（92ページ参照）〔人口〕17万4334人□〔面積〕164・08平方キロメートル〔職員数〕849人（一般行政職）〔財政〕平成17年度普通会計予算　535億2451万2千円／財政力指数　0・849／経常収支比率　85・3（平成16年度決算）□

本市では、2001（平成13）年2月に磐田市行政改革大綱、および実施計画を策定し、これに基づき、計画行政の推進を図るため、行政評価システムの構築に取り組んできた。その概要を報告し各市の参考にしていただければ幸いである。

行政評価は、未だ確立された手法があるわけでなく、先行自治体の取り組みも規模や導入目的によってさまざまな試みがなされている状況である。導入にあたっては、職員への負荷を少なくするため、段階的に取り組むこととし、身近で分りやすい「事務事業評価」からスタートし、次に「政策体系（施策）レベルの評価」へと発展させていく計画とした。

□2002（平成14）年度□事務事業評価の全庁的導入にむけての課題の把握・整理、検討を行うため、一部の課による事務事業評価のモデル試行を実施。

□2003（平成15）年度□試行を全庁に広め、原則1係1事務事業の評価を実施。評価対象事業を原則、実施計画事業とし、評価する意義を分りやすくした。

□2004（平成16）年度□今後予定されている市町村合併後の本格導入に向け、昨年度に実施した試行方法の有効性を検証し確立するための課題の把握・整理、検討をした。

試行の方法

□評価対象□「新市短期事業計画」または「事業別予算の大分類レベルの事業」、基本的に昨年評価を行った事業

□対象部署□全課・全係

□評価者□1次評価　実績・枠組評価＝係長　総合評価＝各所管課長／2次評価　総合評価＝行革本部会議

評価（試行）した事務事業数　34課74係105事業

これまでに明らかになった課題

□事務事業評価表は、担当部局における点検ツールであり、将来的には住民との情報共有ツールとなるものであり、

だれが見ても理解できる平易な内容が望ましいが、現状ではなっていない。
□市町村合併後、旧町村においては行政評価は未実施であるため、新市になって再度職員への計画的研修が必要である。
□計画、予算、評価の連携強化を図るなど行政評価制度導入へのインセンティブを与えること。

課題に対する対応策［2005(平成17)年度］

□行政評価に対する理解を深めるため、研修を職員課と連携して行う。
□職員向け啓発チラシを継続発行し意識浸透を図る。
□２００５（平成17）年度は合併初年度につき、職員の負荷を軽減するため合併前と同様施行期間とし、基本的に新市短期事業計画のなかから1係1事業の評価を行う。
□行政評価制度導入へのインセンティブを与えるために政策、施策、事務事業の体系整理を行う。具体的には、新市総合計画のなかで階層ごとの整理をする。
□新市総合計画策定時には、全ての施策レベルごとに目標数値を設定する。
□実施計画策定や予算、決算作成との連携も視野に入れ、作業を行う。
□今後は、さらに評価の質を高め、市民や職員に分りやすく公表することにより、行政運営についての議論のツールとなるようにする。
□評価事務作業を進めるにあたってのネックは職員の理解不足である。ついては制度の目的、仕組み、方法を如何に周知徹底させるかである。

愛知県一宮市

（一宮市本町2丁目5－6　電話0586－28－8100　http://www.city.ichinomiya.aichi.jp/）

□一宮市は、1921（大正10）年に市制を施行、2005（平成17）年4月1日、尾西市・木曽川町と合併、本年で、84周年を迎えました。愛知県の西北部に位置し、名神高速道路と東海北陸自動車道の計4つのインターチェンジを有する中部経済圏の重要な交通拠点となっています。現在、伝統ある繊維産業の強化と企業誘致を積極的に推進し、産業の複合化を図っています。□［市長］谷　一夫（96ページ参照）［人口］37万7216人（平成17年4月1日）［面積］113・91平方キロメートル（平成17年4月1日）［職員数］1079人（一般行政職　平成17年4月1日）［財政］平成17年度普通会計予算　812億6400万円／財政力指数　0・83（旧一宮市　平成16年度決算）／経常収支比率　85・7（旧一宮市　平成16年度決算）□

一宮市においては、これまで数多くの行政改革に取り組んできましたが、そのなかでおもなものを年度別にご紹介いたします。

□**2000（平成12）年度**□不燃物収集を全面的に民間委託し、3255万円を削減しました。／前年度に引きつづき、管理職手当を10パーセントカットし、1473万円を削減しました。／職員を31名減員し、1億5433万円削減しました。／市の行政資料を開架する資料コーナーを設置しました。／敬老金の支給を廃止し（4184万円の削減）、寝たきり老人等見舞金を支給しました。

□**2001（平成13）年度**□新設した特別養護老人ホームの管理・運営を民間に委託しました。／児童福祉施設「仲好寮」を廃止し、民間に管理・運営を委託することにより1億1948万円を削減しました。／職員を39名減員し、2億9172万円削減しました。

□**2002（平成14）年度**□4月1日から特例市に移行しました。／競輪場の臨時従事員を大幅に削減し、1億1359万円を削減しました。

□**2003（平成15）年度**□事務事業評価システムを本格導入しました。／市民病院でTQM（トータルクオリティマネージメント）活動を導入し、職員の意識改革および業務改善を図りました。／職員を11名減員し、1億2742万円を削減しました。
□2004（平成16）年度□「財政再建の5本柱」を策定し、財政の健全化に取り組み始めました。／市広報の発行を月2回から1回に変更することにより町内会役員の配布に係る負担の軽減とともに、印刷経費および配付手数料等1436万円を削減しました。／市単独補助金について、一律5パーセントのカットを行い、2828万円を削減しました。／有料広告事業として広報等に有料広告を掲載し、190万円の収入になりました。／市役所駐車場の混雑の緩和と同時に有効利用を図るため、目的外使用者に対して有料化を行い、月約40万円の収入になりました。／管理職手当を10パーセントカットし、1240万円を削減しました。／職員を21名減員し、1億6018万円削減しました。
□2005（平成17）年度□4月1日に尾西市、木曽川町と合併しました。／老朽化した養護老人ホーム「和楽荘」を廃止し、新施設の建設・管理・運営を民間に委託しました。／合併にともないIP電話を導入し、電話使用料を月約200万円削減しました。／職員を103名減員し、7億0912万円削減しました。／市民会館、温水プール等に指定管理者制度を導入しました。

愛知県犬山市

（犬山市大字犬山字東畑36　電話0568―61―1800　http://www.city.inuyama.aichi.jp/）

□犬山市は、1954（昭和29）年に市制施行し、昨年で50周年を迎えた。愛知県の北西端に位置し、市街地は国宝犬山城を中心に栄えた城下町であり、市の北部を流れる木曽川や東部に広がる丘陵地帯は、飛騨木曽川国定公園に指定されている。また、犬山祭、博物館明治村、京都大学霊長類研究所など歴史、自然、学術などの豊かな資源を有する観光文化都市である。□

［市長］石田芳弘（99ページ参照）［人口］7万3004人［面積］74・97平方キロメートル［職員数］272人（一般行政職）［財政］平成17年度普通会計予算　179億5003万円／財政力指数　0・951／経常収支比率　84・5（平成16年度決算）□

広報編集業務のNPOへの委託

市民が行政を理解する上で広報の果たす役割は、非常に大きなものであり、市民の市政への積極的な参画と協力を期待するには市民の視点に立った広報編集を実践する必要がある。

犬山市では、市民代表5名で構成する行政改革推進委員会の提言に基づき、2002（平成14）年6月に第3次犬山市行政改革大綱を策定した。その基本理念は、「開かれた行政の実現」と「地域の活性化」であり、大綱の基本的な方策の一つとして「広報活動における民間活力の導入」が明記された。

この大綱に基づき、2003（平成15）年6月に設立されたNPO「編集企画協会」に広報編集業務を7月から委託した。なお、NPO「編集企画協会」の編集者は、1996（平成8）年度から広報のなかに設けられた市民の手づくりによる「市民編集ページ」の編集を手がけていたことが、編集業務を円滑に移行できた要因でもある。

委託にあたっては、広報という市の情報をつねに正確に公正な視点で市民に伝達するといった役割を確保するため、次の基本的な方針を定めた。

1　委託先については、NPO法人とする。
2　委託内容については、原稿の作成・紙面の割付までとする。
3　発行責任は市、編集権は委託先が持つものとし、編集者の原案を最大限に尊重する。
4　編集内容に疑義が生じた場合は、相互調整を図る。

これら方針に基づいた委託内容は次のとおりである。

□制作部数□月2号。

□チェック機能□市では月1回、NPO編集長、NPO編集者、助役、市長公室長、学識経験者で構成される企画編集会議を開催し、特集記事を含めた編集内容のチェックの機会を設けている。

□委託料□2004（平成16）年度委託料806万円（内訳　人件費743万6千円、事務費等62万4千円）。

□NPOの編集体制□NPO編集員3名（うち　編集長1名　編集員2名）で、市の広報担当の事務室に常駐し編集業務にあたっている。

なお、人件費削減の効果としては、市広報広聴担当（秘書広報課）の職員数を委託前の4名から2名に削減できた。

京都府綾部市

（綾部市若竹町8－1　電話0773－42－3280　http://www.city.ayabe.kyoto.jp/）

□綾部市は、1950（昭和25）年市制施行し、本年で、55周年を迎えました。京都府のほぼ中央に位置し、京阪神地域と日本海を結ぶ交通の要衝にあります。また、市街地を清流由良川が貫流する山紫水明の地です。□［市長］四方八洲男（109ページ参照）［人口］3万7992人［面積］347・11平方キロメートル［職員数］242人（一般行政職）［財政］平成17年度普通会計予算　146億7832万円／財政力指数　0・461／経常収支比率　88・4（平成16年度決算）□

綾部市が1998（平成10）年度に行った財政見通しにおいて、2002（平成14）年度には経常的収支が赤字になるとの厳しい現実がありました。

これまでに、3次にわたる行財政健全化を実施し、職員数の削減［1998（平成10）年度467人（一般行政職273人）

から２００５(平成17)年度４１２人(同２４２人)」や職員給与の見直し(一律３パーセント削減、特殊勤務手当の廃止・管理職手当の削減等)、公債費の繰上げ償還、事務事業の見直し、使用料・手数料の改定、施設管理の複数年委託契約、団体補助金の見直し等々、市民のみなさまのご理解とご協力を得るなかで取り組み、現時点では、赤字転落を免れている状況です。

また、地方債残高についても、２００４(平成16)年度決算の一般会計で１８４億円［２００２(平成14)年度１９０億円］と2年連続して減少させ、将来の負担を軽減させる道筋も見えてきました。

そのなかで、綾部市では、旧小学校舎の改築や民間の建物等を借用し活用することで、経費負担の軽減とともに、市民のニーズに応える取組をしています。

廃校になった小学校の活用

□「**綾部市里山交流研修センター**」□農村と都市の交流の場を提供することを目的に、ＮＰＯ法人「里山ねっと・あやべ」の活動の拠点として、宿泊も可能な施設。

□「**黒谷和紙工芸の里**」□８００年の伝統をもつ純手漉き和紙である黒谷和紙を体験展示するとともに後継者育成のための施設。

民間の未利用施設の活用

□「**あやべハートセンター**」□ボランティア団体の活動の拠点として利用。

□「**上林いきいきセンター**」□市役所以外で住民票等の発行ができる施設および消防署の分遣所として複合的に利用。

□「**綾部市武道館**」□工場移転のために不必要となった民間の体育館を、柔道、剣道等の武道場として活用。

これらの施設は、新たに建設するより経費を著しく抑えることができるとともに、民間からは、いずれも低料金で借用しており、多くの市民のみなさまにご利用いただいています。

京都府京丹後市

（京丹後市峰山町杉谷889　電話0772―69―0001　http://www.city.kyotango.kyoto.jp/）

□京丹後市は、2004（平成16）年4月に旧6町が合併してできた新しい市です。京都府北端にある丹後半島に位置し、山陰海岸国立公園と若狭湾国定公園に指定された風光明媚な海岸と緑豊かな山々など美しい自然環境に恵まれた景勝の地です。□［市長］中山　泰（113ページ参照）［人口］6万5129人［面積］501・84平方キロメートル［職員数］620人（一般行政職）［財政］平成17年度普通会計予算　289億8000万円／財政力指数　0・373／経常収支比率　93・9（平成16年度決算）□

京丹後市は、京都府の北端にある丹後半島に位置し、2004（平成16）年4月1日に旧6町（峰山町・大宮町・網野町・丹後町・弥栄町・久美浜町）が合併してできた人口6万5千人、面積501平方キロメートルの新しい市である。

もともと財政力が弱い6町が合併してできた本市であるため、類似団体に比べ財政力指数がたいへん低くなっている。その上、面積が広大であるため、小・中学校が40校、保育所・幼稚園が31園など施設数もたいへん多い。また、職員数も2つの病院などを加えた総数は1250名を数え、人件費が税収でまかなえない状況であるなど地方交付税頼りの財政運営となっている。そして、三位一体改革等による地方交付税の削減があり、さらに今後も交付税の削減が見込まれ、合併による交付税算定替などのメリットも十分に受けられないなど、たいへん厳しい財政状況となっている。このため、2004（平成16）年5月の初選挙で当選した中山市長の方針で、8月には5名のメンバーによる行財政改革推進室が設置され行財政改革に取り組んできた。同年12月には行財政改革大綱を定め、2005（平成17）年10月には大綱に基づく京丹後市行財政改革推進計画（集中計画プラン）や個別の方針・指針等を策定したところである（一部は12月に策定予定）。

この推進計画では、持続可能で安定的な行財政運営を可能とするため、2005（平成17）年度から2009（平成21）年度までの5年間に一般会計予算規模で約20億円を削減することを目指し、主に人件費・物件費・補助費の削減により実現することとしている。特に、人件費の削減では、2009（平成21）年度末までに病院や消防職員を除く職員数の4分の1にあたる220人の削減を目指し、この間は、基本的には採用を凍結し退職者不補充で乗り切ることとしている。これら財政規模と職員数の削減による行政サービスの低下を防ぎ、また、これまで行政が行ってきた業務を地域市場へ開放し地域経済の活性化に寄与するため、「行政アウトソーシング」と「市民との協働と共創」を強力に推進していく考えである。

個別の計画・指針としては、「財政健全化指針」「定員適正化計画」「組織・機構編成方針」「補助金の見直し方針」「会館等公共施設の見直し方針」「アウトソーシング推進に関する指針」「アウトソーシング計画」「給与制度等改革方針」「職員人材育成基本方針」「市民と行政の協働推進指針」の10項目にわたって、より具体的な方針を作成し、それぞれの具体化に向けて検討を行なっている段階である。

一方、新市建設計画を基礎にして策定した「京丹後市第1次総合計画」により、新市としての本格的なまちづくりを目指していくことになっている。そのためにも、行財政改革を着実に実行していくことが求められている。

大阪府藤井寺市

（藤井寺市岡1丁目1−1　電話0729−39−1111　http://www.city.fujiidera.osaka.jp/）

□藤井寺市は1966（昭和41）年11月1日市制施行し、本年で40周年を迎えます。大阪平野の南東部に位置し、東に金剛・二上・生駒の山並みを望み、石川と大和川の流域に沿った風光明媚な土地柄であり、古い遺跡や古墳群が随所に点在しています。交通の便は良く、大阪の住宅文化都市としての機能を備えており、南大阪の商業や文化の中心的なまちとして発展をつづけています。□［市長］井関和彦（118ページ参照）［人口］6万6656人（平成17年10月1日）［面積］8・89平方キロメートル［職員数］279人（一般行政職）［財政］平成17年度普通会計予算　189億0700万円／財政力指数　0・644／経常収支比率　99・6（平成16年度決算）□

行財政改革については、これまで行政改革大綱および同実施計画に基づき、さまざまな取り組みを行ってまいりましたが、そのなかで地域との協働の取り組み、入札・契約についての適正化の取り組み、公共工事のコスト縮減についての取り組みの3つの事例をご紹介させていただきたいと思います。

地域との協働の取り組みにつきましては、2004（平成16）年度に行いました桜植樹事業のご紹介をさせていただきます。この事業は、大和川付け替え300周年を記念して、市民が憩い、愛着のもてる新たな桜の名所を創造することを目的として、ライオンズクラブ・青年会議所などの市民団体を構成メンバーとする実行委員会方式で、大和川左岸堤防約300メートルの区間に桜の植樹を行ったものです。また、事業の要するすべての経費についても、この事業の趣旨に賛同していただいた住民の寄付金で賄い、市と住民が協働して、「ゼロ予算事業」として行っております。

入札・契約についての適正化についての取り組みにつきましては、2005（平成17）年度から実施いたしました郵便入札制度についてご紹介させていただきます。従前から、工事に係る設計業務の入札手続きについては、談合等の防止の観点から仕様書等の資料については郵送をしておりました。これを仕様書等の配布から入札までの一連の手続きを郵便を利用して行うことにより、入札参加者情報の取得や入札参加者同士の接触がなくなるなど、電子入札と同様の不正行為の防止や競争性の確保などの効果が期待できることからこの郵便入札制度の導入を行ったものです。郵便入札制度導入の効果については、2005（平成17）年度に実施しました入札の平均落札率は73・3パーセントと過去5年の平均落札率の単純平均の86・6パーセントを大きく下回り一定の効果があったものと考えております。

最後に、公共工事のコスト縮減について、ご紹介させていただきます。これまでから公共工事担当課単位でさまざまな取り組みを行い一定の成果をあげてきております。総務省から新地方行革指針が示されたのを機に、さらなる公共工事のコスト縮減に計画的に取り組むことを目的として、公共工事担当課の中堅職員を中心に自主的に庁内組織を立ちあげ、2005（平成17）年度から2009（平成21）年度までに、コスト縮減目標を12パーセントとする「（仮称）藤井寺市公共工事コスト縮減対策に関する行動計画」の策定を現在進めております。行政改革の推進に当たっては、地域との協働を進めるとともに、全庁的に改革意欲とチャレンジ精神をもって、自主的に取り組んでいくことが必要であると考えております。また、公共工事のコスト縮減のような職員の自主的な取り組みを評価するような仕組みづくりなど職員の意識改革につながるような取り組みも含めて、今後とも、積極的に行政改革を進め、だれもが藤井寺市に住んでいてよかったと思えるようなまちづくりを推進していきたいと考えております。

兵庫県稲美町

（稲美町国岡1−1　電話0794−92−1212　http://www.town.hyogo-inami.lg.jp/）

□稲美町は、東播磨東部に位置し、東は神戸市、南は明石市、西は加古川市、北は三木市に隣接する南北6・5㎞、東西7・9㎞の町です。1955（昭和30）年に加古、母里、天満の三村が合併し、稲美町が誕生して50年の節目を迎えました。かつて万葉集に「印南野」と詠まれた台地を先人たちが切り開き、ため池で灌漑用水を確保して農耕社会を営んできました。町内に89あるため池をはじめとした景観は、稲美のため池群として文化庁の文化的景観の重要地域に選ばれています。また、1880

（明治13）年に開設した播州葡萄園は日本最初の国営ワイナリーとして２００５（平成17）年11月に国指定史跡に指定されました。□［町長］赤松達夫（１２３ページ参照）□［人口］３万２８４３人［面積］３４・９６平方キロメートル［職員数］１８９人（一般行政職）［財政］・平成17年度普通会計予算　１０３億４２４４万円／財政力指数　０・７１２／経常収支比率　８９・３（平成16年度決算）□

行財政改革――これだけは言わせてください

２００２（平成14）年当時の財政状況は破綻寸前で、財政調整基金（貯金）は２００８（平成20）年に底をつき、２０１２（平成24）年には倒産つまり財政再建団体になってしまうという危機的状況にありました。まず、最初に手がけたのが入札改革でした。

改革前の平均落札率は93・６パーセントで、なかには落札率１００パーセントという工事も珍しくありませんでした。そこで、競争性が確保できる公募型指名競争入札と工事希望型指名競争入札を中心とした入札方式に改め、今では平均落札率が69・９パーセントまで低下し、改革後の節減額は約36億円（住民１人あたり約11万円）に達しています。

この約36億円を使って、公共下水道事業の完成を４年短縮し、農業集落排水事業も１年前倒しで完成するなど財政再建に大きく貢献しました。

町の危機を救った入札改革でしたが、一時は、町長に「おまえには家族がいるやろ」とか「夜道が歩かれへんで」といった脅迫があり、町長の身に危険がおよぶのではないかと心配する時期もありました。また、町民から「やり過ぎでは」といった声もありましたが、町長の「税金は有効に使い、無駄な使い方をしない」という信念と「私は倒されても稲美町民のためになるのなら」という強い覚悟で乗り越えてきました。

次に取り組んだのは、小学校の給食調理業務の民間委託です。「稲美町の給食は日本一おいしい」というのが浸透していました。実は、これは他市町でも同じことを言っているのですが。

町内5校の調理業務を調理員の定年退職に合わせて、順次、民間委託することを打ち出したところ、まず町民や議員の一部から「民間に委ねたら給食の安全性が保たれない」など反対の声があがりました。そして、民間委託中止を求める請願書が提出され、誤った情報を流して〝民は官に劣る〟と盛んに宣伝しました。

しかし、この改革で節約した約1200万円が、35人を上限とする少人数学級や幼稚園・小学校に外国人助手を配置する費用などに有効に使われていることを情報公開して、住民の理解を得ることができました。

2005(平成17)年度から2校目の民間委託が始まりましたが、現在は全く問題がありません。

このほか収入役の廃止、各種手当の見直し、成果主義の導入、退職不補充、チームリーダー制など組織の改革を進めてきました。

改革にはまず職員の意識改革が重要です。そこで、あいさつ運動から始めました。これも職員の一部から「なんでそんな当たり前のことをするんや」「時間の無駄や」といった批判の声が出るなどなかなか定着しませんでしたが、この運動も継続することによって、浸透してきました。町民からは役場の応対が良くなりましたね、とお褒めの言葉がいただけるようになってきました。職員がよく頑張ってくれた成果だと思います。

現在、さらに、意識改革を徹底するため、ISO9001の認証を取得し「町民のみなさまはお客様です」の方針のもと、満足していただける行政サービスを提供することを宣言して取り組んでいます。

岡山県総社市

(総社市中央1丁目1-1　電話0866-92-8200　http://www.city.soja.okayama.jp/)

□総社市は、２００５(平成17)年3月22日に旧総社市・旧山手村・旧清音村が合併し新市として誕生しました。岡山県の南西部に位置し、東部は岡山市、南部は倉敷市の2大都市に隣接しており、地域の中央を北から南に岡山県の3大河川の一つ高梁川が貫流しています。かつての古代吉備の国の中心として栄えた地域であり、数多くの古墳や、全国的に注目を集めている古代山城《やましろ》「鬼ノ城《きのじょう》」や「備中国分寺」など、古代吉備の繁栄を物語る多くの文化遺産が各所にのこっています。また、水墨画で有名な画聖「雪舟」の生誕の地でもあり、歴史と文化のロマンにあふれたまちです。近年では、歴史に培われた吉備文化と、高梁川の恵みをはじめとする豊かな自然環境を背景に、岡山県南の一中核都市として、産業や経済、文化などの各方面でも大きな飛躍を遂げています。空港にも近く、東西南北に向けて鉄道や高速道路が通るなど、広域交通網を備えた都市でもあります。年平均気温は16・５℃前後、雨量は年間１０００ミリ前後で、瀬戸内海特有の温暖、少雨の恵まれた気候です。□〔市長〕竹内洋二(１２７㌻参照)□〔人口〕６万７９１２人(平成17年11月1日)〔面積〕２１２・００平方㌔メートル〔職員数〕６４０人(平成17年4月1日)〔財政〕平成17年度一般会計予算　２３６億円／財政力指数　０・５４２／経常収支比率　９６・７(平成16年度決算)□

1点目は、ファイリングシステムの導入で、情報公開の基盤整備を契機とし、１９９９(平成11)年度から行った文書管理制度の改善です。これは、従来紐で綴じて簿冊にし、自己管理していた公文書を、フォルダという紙ばさみに収納し、キャビネットに課として保管するシステムです。このシステムの導入が、事務改善と職員の意識改革をもたらしました。

事務改善では、文書の両面印刷・原本管理の徹底から、紙の使用枚数が減少しました。また、文書を探す時間が大幅に短縮でき、これにともなう人件費の削減効果は、年間約1億８１００万円という試算になります。１９９９(平成11)年度からの導入経費は約８０００万円であり、およそ半年でその元がとれたことになります。加えて、文書を課で共有することにより、担当者不在でも、住民からの問い合わせに対応できるようになり、住民サービスの向上につながりました。

次に、職員の意識改革については、「文書は市民との共有財産である」との意識を職員が持つようになり、文書の私物化がなくなりました。退庁時、机の上や保管庫の上に公文書1枚たりとも出したままの状態ではなく、個人情報も含めた情報の適正管理が実現しています。このシステムの導入により住民にできるかぎり多くの情報を提供する基盤が整いました。

2点目が、人事制度の見直しです。組織活性化を図るためには、個々の職員にとって、希望のもてる職場となる必要があります。やる気のある職員には、地位と権限と給与をセットで与えなければならない。そのために、管理職手当(現行部長級11パーセント、次長級10パーセント、課長級9パーセント、課長補佐級8パーセント)を、地位と権限に見合うように調整する必要があります。例えば、現在4段階のきざみを部長級、部長相当職、次長級、課長級、課長相当職、課長補佐級と6段階にし、その職責に見合う率で手当を算出します。こうすることで、管理職手当総額はそのままで、権限があり責任が重い職員には、それ相応の給与を支払う仕組みが実現します。また、若手職員・女性職員を積極的に登用し、職員の能力の100パーセントが発揮できる職場にすることが、行財政改革の基本であると考えます。

香川県善通寺市

(善通寺市文京町2丁目1-1　電話0877-63-6303　http://www.city.zentsuji.kagawa.jp/)

□善通寺市は、1954(昭和29)年市制施行。四国・香川県の北西部に位置し、四国霊場八十八ヶ所第七十五番札所総本山善通寺および弘法大師空海誕生の地として栄え、明治には11師団(初代師団長・乃木希典)の設置、現在は陸上自衛隊・第2混成団が置かれています。市内は、高速道路が走り2つの国道が交差するなど陸上交通の要衝にあります。また、五岳の山々が織りなす四季の彩りは風光明媚な地として多くのお遍路さんの癒しの風景として親しまれています。□〔市長〕宮下　裕(135ページ参照)〔人口〕3万5933人(平成17年10月1日)〔面積〕39.88平方キロメートル〔職員数〕357人(教育委員会62人、消防職員40人を含む)〔財政〕平成17年度普通会計予算　110億8000万円/財政力指数　0.555/経常収支比率　89.

4（平成16年度決算）□

行政改革に対する考え方――PCO構想

行政改革とは、国や地方公共団体においてその組織や運営をその時代の状況の変化に対応したものに変えることであって、組織の統廃合や事務の効率化を計ることを目的とすることと捉えている。

また本市では、「小さな市役所」をスローガンとして改革を推進している。公共部門の社会における役割を縮小していくという概念に基づき、民間でできることは民間で、市民でできることは市民自身で行うことにより、肥大した行政の圧縮を図ることが基本的な考え方となっている。

さらに、地方分権や三位一体の改革といったものは、均衡ある地域の発展施策からの転換を示唆し、地方の自治体は厳しい財政事情のなか、自らの責任と判断で地域の特性を生かし、地域と密着したまちづくりを進めなければならないと考えている。このようなことができる自治体こそが「基礎的自治体」であり、そのためには、行政改革を推進し限られた財源を最大限有効に活用する必要があると考えている。

そのため、本市では職員数の削減を行政改革の主たる目標と定め、定数内職員の数を削減していくことに力点を置いている。この職員数の削減により生じる人件費の余剰を「プレミアム（付加価値）」と位置付け、これを市民生活の質の向上（QOL）施策に使用することにより、他の自治体に比べプレミアムのついた行政を行うというものである（＝PCO―〈プレミアム・シティ・オフィス・イニシアティブ〉）。

善通寺市行政改革のおもな実績

□1996（平成8）年度□学校給食センター搬送業務を民間委託／体育館、市民プール、市営駐車場を財団法人ハート

スクエア善通寺に委託／市営野球場の管理をシルバー人材センターに委託
□1997（平成9）年度□総合会館の管理運営を社会福祉協議会へ委託／地区公民館の管理運営を嘱託化／郷土館の管理運営のボランティア化
□1998（平成10）年度□市営自動車教習所の民営化／特別職、管理職員の手当一部カット
□1999（平成11）年度□幼稚園長の兼務化／下水道接続工事宅内検査および上水道配水管の維持修繕を工事組合へ委託／職員の昇給を55歳で停止
□2000（平成12）年度□し尿収集を民間に委託／上水道浄水場の管理委託（夜間・休日）／庁内LANシステム整備完了（パソコンを全職員に配置）／職員給料7級わたりの廃止／全職員に対し勤務評定の実施／全職員に勤勉手当における成績率の適正運用
□2001（平成13）年度□養護老人ホームの運営管理を社会福祉協議会へ委託／保育所（1か所民営化）を社会福祉法人へ／都市公園の維持管理のボランティア化／納税貯蓄組合連合会の廃止（補助金の廃止）
□2002（平成14）年度□新行政改革大綱策定／わたり制度廃止
□2003（平成15）年度□新コミュニティ制度検討開始
□2004（平成16）年度□善通寺市機構改革計画を策定／滞納市税徴収業務の租税管理機構への移管促進
□2005（平成17）年度□職務権限規程の見直し／人材派遣株式会社の設立／地域担当職員制度の設置

職員の削減

□第1期定員適正化計画□1995（平成7）年度～2010（平成22）年度□1995（平成7）年度当初職員数470人から15年間で100人減らし、370人とする具体的数値目標を設けた。
□第2期定員適正化計画□2002（平成14）年度～2012（平成24）年度□第1期の計画が前倒しで実施される

見込みとなったことから、2002（平成14）年度に新行政改革大綱に基づく第2期の定員適正化計画を策定、2002（平成14）年度当初職員数380人を2012（平成24）年度には270人と、10年計画で110人削減する数値目標を定めた。

職員意識改革取り組み事例

1　全職員を対象に勤務評定の実施
2　わたり運用の廃止
3　55歳昇給停止
4　副市長制（呼称変更）導入
5　市長・副市長・6部長による公室会議開催（毎日開催。情報共有・業務遂行の迅速化が目的）
6　組織内分権（課長への権限委譲の拡大）
7　職員から市長への提言実施（毎年）

香川県高松市

（高松市番町1丁目8－15　電話087－839－2011　http://www.city.takamatsu.kagawa.jp/）

□高松市は、四国の北東部、香川県のほぼ中央に位置する県庁所在地で、北は国立公園の瀬戸内海に面し、南は緩やかなこう配をたどりながら、讃岐山脈に連なっています。明治維新の廃藩置県後、香川県の県庁所在地となり、1891（明治23）年2月15

日に市政をしき、全国40番目の市としてスタートしました。その後、周辺町村を合併しながら市域および人口を拡大し、1999（平成11）年4月1日に中核市に移行しました。最近では、2005（平成17）年9月26日に塩江町と、2006（平成18）年1月10日には、牟礼町、庵治町、香川町、香南町、国分寺町と合併し、「新高松市」が誕生しました。□［市長］増田昌三（139ジペー参照）［人口］33万9891人（旧高松市　平成17年9月1日）／42万5469人（合併後　平成17年9月1日）［面積］194.34平方キロメートル（旧高松市　平成17年9月1日）／375.05平方キロメートル（合併後　平成17年9月1日）［職員数］3197人（旧高松市　うち一般行政職1472人　平成17年4月1日）／4116人（合併後　うち一般行政職1983人平成17年4月1日）［財政］平成17年度普通会計予算　1049億6128万円（旧高松市）／1332億1144万5千円（合併後）／財政力指数　0.845（旧高松市　3か年平均）／経常収支比率　88.9（旧高松市　平成16年度決算）□

計画・評価・予算の融合と事業の見直しについて

□**背景**□高松市では、これまで、主要事業計画（総合計画の実施計画に相当）の策定や事務事業評価および予算編成の作業において、企画担当（計画）、行政改革担当（評価）、財政担当（予算）から、それぞれ時期を相前後して、個別の調書（内容は似ているが様式は異なる）や資料の提出を主管課に求めるほか、別個にヒアリングを実施しており、このことが主管課の事務を煩雑化させ、主管課の大きな負担となっていた。また、評価の実施や主要事業計画への登載が、実際の予算編成に生かされているのかという疑問が提起されていた。

□**計画・評価・予算の融合**□このため、2003（平成15）年度において、これらの事務における重複した部分を集約・整理するとともに、事務処理の連携・一本化と簡素・効率化を目指し、主要事業計画の策定事務と事務事業評価調書の作成に係る事務および予算編成事務を融合させた。具体的には、主要事業計画に登載しようとするすべての事業を事務事業評価の対象とするとともに、これらに係る調書作成を同一のパソコンソフト上で行なう（ACCESSを利用した新なシステムを自前で作成した）ことにより、重複する事務の集約を図るとともに、データの共有化を図った。また、事務事業評価の実施や主要事業計画の策定に当たっては、調書だけでなく、主管課から提出された補足資料についても企画担当、行政改革担当、財政担当が共有することとし、３者が連携・合同して、評価や計画の検討に当たることとした。

このように３者が連携して事務事業評価を行い、その結果を踏まえて主要事業計画への採択の可否や指摘事項等を検討するとともに、評価結果や計画への採択結果をもとに予算編成を行うという体制が整い、計画・評価・予算の融合が図られた。

□**大規模事業の見直し**□厳しい財源の範囲内で、今、何をやるべきかという観点から、「選択と集中」に徹した取り組みをするため、２００４（平成16）年度においては、大規模事業等（39事業。事業費総額が多額または大規模な事業ならびに長期的・継続的な支出が見込まれる事業等）について、計画・評価・予算担当者の連携をより深め、３者が共同して見直しを行ない、主管課に対して、事業の縮小や事業期間の延長など、今後の見直しの方向性を示した。なお、この見直しにより、事業費総額の縮減に努めた。

□**市単独事業の見直し**□さらに、２００５（平成17）年度においては、市単独事業等（63事業。扶助費や補助費等のうち、国や県の基準を超えて市が単独事業として独自に上乗せを行ったり、所得制限の緩和や自己負担の軽減を行なっている事業等）の見直しに着手した。高松市行財政改革推進委員会行政評価部会（５人）による外部評価の結果等を踏まえながら、企画担当、行政改革担当、財政担当の３者が共同で見直しを行ない、主管課に対して２００６（平成18）年度以降における見直しの方向性について通知を行なった。

高松市行財政改革推進委員会および部会の設置

本市では、２００４（平成16）年８月に、「高松市行政改革推進委員会設置要綱」を改正し、「高松市行財政改革推進委員会設置要綱」として再整備し、同委員会の委員定数を10人から15人に拡大するとともに、委員の改選を行い、公募委員を

1人から4人に拡大した。

また、委員会の効率的な運営を図るため、2005(平成17)年1月に、「補助金・使用料部会」「アウトソーシング部会」「行政評価部会」「公共施設等管理運営部会」の4つの部会(部会の委員は各5人)を立ちあげた。

なお、2007(平成19)年度を開始年度とする次期行財政改革計画の策定に当たっては、現行計画策定時と同様、上記の委員会や部会の意見を反映させることはもとより、パブリック・コメントの実施により、広く一般市民からの意見を反映させたいと考えている。

事務事業評価の拡大推進および外部評価の実施

本市では、行政が実施する事業の必要性や有効性・効率性などについて、客観的な数値指標で評価するとともに、その評価結果を主要事業計画や予算編成等に反映することを目的として、2000(平成12)年度から事務事業評価を実施している。2000(平成12)年度から2004(平成16)年度までの5年間において、963事業(事中・事後857事業、事前評価106事業)の評価を行い、事中・事後評価のうち28件が廃止、2件が休止、9件が完了、62件が縮小、275件が改善継続、481件が継続との評価結果となった。また、事務事業評価の実施による予算の縮減効果(評価を実施した年度の当初予算と翌年度当初予算の比較)は5年間で15億4千万円となった。なお、2005(平成17)年度においては、134事業を対象として評価を実施した結果、廃止が2事業、縮小が25事業となっている。

また、評価の客観性や透明性、行政のアカウンタビリティの一層の向上に資するため、2002(平成14)年度から外部評価(第三者評価)を試行している。当初は、行財政改革推進委員会全体で外部評価を行っていたが、より効率的な評価を行なうため、2004(平成16)年度は、高松市行財政改革推進委員会に「行政評価部会」を設置し、同部会の委員5人が専任して外部評価に当たることとし、委員が選定した26事業を対象として外部評価を試行した。

2005(平成17)年度においては、これまで蓄積したノウハウをもとに、大規模事業および市単独事業等のなかから35

事業について外部評価を本格実施し、その結果として10月3日に「評価結果報告書」が市長に提出された。今後とも、本市に見合ったシステムの定着に向けて改善を図っていくこととしている。

地域コミュニティの構築

地域自らのまちづくりを目指して地域コミュニティの結成と活動を推進するため、各地区の自治会を中心とした各種団体等で構成される地域コミュニティ組織に対して2003（平成15）年度から各種の支援策を実施しており、2004（平成16）年度末までに市内35地区のうち、27地区で地域コミュニティが構築された。今後、各種団体に分散して交付している補助金について地域コミュニティへの一本化を図るほか、各地域のコミュニティセンター（既存の公民館を衣がえして地域コミュニティの活動拠点とする）の管理運営について2007（平成19）年度から指定管理者制度を導入するべく準備を行なっている。

愛媛県伊予市

（伊予市米湊820　電話089－982－1111　http://www.city.iyo.ehime.jp/）

□本市は、2005（平成17）年4月1日旧伊予市・中山町・双海町の1市2町が合併し、「伊予市」が誕生した。□県都松山市から南西11キロに位置し、北は伊予郡松前町、東は伊予郡砥部町、南は喜多郡内子町、西南は大洲市に隣接、愛媛県のほぼ中央に位置している。北部は、道後平野の南端を占める平地であり、西部は瀬戸内海に面した沿岸地域、東南部は標高500～600メートル、高い所では900メートル前後の四国山地に連なる山々がつづき、多様な姿を見せている。□旧伊予市は人口増加が見られるものの、旧中山町・双海町は人口減少の一途をたどるなど、両町ともに過疎の地域指定を受けており、1市2町が合併したことにより新「伊予市」全域が過疎地域となる、いわゆる「みなし過疎」の指定となった。□〔市長〕中村　佑（145ページ参照）〔人口〕4万1107人〔面積〕194・47平方キロメートル〔職員数〕411人（一般行政職285人）〔財政〕2005（平成17）年度普通会計予算　172億5800万円／財政力指数　0・376／経常収支比率　（見込）86・5□

伊予市は2005（平成17）年4月1日、1市2町が合併し新たなまちづくりをスタートさせました。

合併以前の旧市町は、ともに国・県の指導の下、「行政改革大綱」「同実施計画」などを策定し行財政改革を試みましたが、大した成果を挙げることなく、さらにその成果すら検証することなくただ漫然と進んできたというのが実感であります。

長年のうちに当たり前となった慣習は、職員の意識をまひさせるだけでなく、組織の風土となって確立されてしまうという大きな弊害となって表れておりますし、市民の行政に対する意識も無責任化と既得権化に著しく偏重しているように感じてまいりました。

そうした状況下、合併という大きな変革をむかえたのでありますが、とにかく財政状況は大変な状態にあることを、職員、議会、市民にも強い認識と危機感を持ってもらうことに努めました。

幸い合併協議では、議会も在任特例を適用することなく、定数も法定数26人に対し22人で決定され、地域審議会も設置しないことで決定をいただきました。

さらに、建設計画では、まちづくりの基本理念を「地域の自立と活性化」「多様な地域の共生」「地域住民と行政との協働」「行財政改革」と設定していただき、これからの公共サービスのあり方を見直していくとともに、市民と一体となって行財政運営の効率化を図っていくことの必要性を定義し、具体的には「住民自治の推進」「行政組織の高度化とスリム化」「行政評価制度の導入」「人事評価制度の導入」「住民参画の推進」「健全な財政基盤の強化」などその取組むべき方向が示されております。

また、合併特例債適用事業も限度額の４割までしか活用しないと協議調整されており、後年度の財政負担とならないよう事業の見極めをしていくこととなっております。

いずれにしましても、ようやくスタートしたばかりであります。他自治体からは大きく遅れておりますが、何としても伊予市にあった市民に受け入れられる改革を進めたいと思っております。

福岡県古賀市（古賀市役東1－1－1　電話092－942－1111　http://www.city.koga.fukuoka.jp/）

□古賀市は、1997（平成9）年市制施行し、合併特例法時には研究を進めましたが、未だ単独で市政をがんばっています。大都市福岡市の北東に位置し、九州の大動脈「国道3号」「鹿児島本線」「九州自動車道」が走る交通の要衝となっています。また、玄界灘に面する古賀海岸は江戸時代に整備された松原が沿線を走り、白砂青松の景勝地となっています。□［市長］中村隆象（153ページ参照）［人口］5万6573人［面積］42・11平方キロメートル［職員数］256人（一般行政職）［財政］平成17年度普通会計予算　157億7762万円／財政力指数　0・635／経常収支比率　93・7（平成16年度決算）□

これまでの行財政改革の取り組みとして、1996（平成8）年度から2000（平成12）年度まで第2次行政改革大綱および実施計画を策定し77件の課題に対し取り組みを行った。

計画終了後、2001（平成13）年度から現在に至るまで個別に重点化し取り組みを進め、機構改革、定数の適正化、業務の民間委託などに取り組み、現在はとくに、行政評価制度、指定管理者制度、補助金の見直しなどを主に取り組んでいる。

厳しい財政状況のなかでますます多様化する住民ニーズに応えるため、また、行政運営の効率化を図りつつ、多岐で多様な行政課題に対処していくためには、組織の基礎である職員が元々もっている潜在能力を熟成させ、十分活用して行く必要があり、そのための職員教育の改革が改めて重要であると考えている。そのためには、職員が自分の能力や成果を客観的に認識し、次の業務につなげることができるようになることが必要であり、本市においては、2002（平成14）年度に「古賀市人材育成基本方針」を策定し、そのなかで有機的に連動する3つの柱として「職員研修制度」「人事評価制度」「目標管理制度」を位置づけ、2004（平成16）年度より人事評価制度・目標管理制度を導入した。

制度導入にあたっては、評価結果を処遇へ反映しない試行での導入であり、まずは職員がこの制度に慣れることを主眼に制度の導入を図ってきた。

2004（平成16）年度は、一般職職員を対象に試行をし、2005（平成17）年度から全職員を対象に試行を実施中である。この制度を職員と職場が積極的に活用することにより、職員の長所を生かし、目標を達成するために必要なスキルの修得、役割を果たすために不足しているスキルの自覚を促し、職員研修制度とリンクし、効果的な職員育成を図ることが期待できる。

また、今後は、職員の「能力」「実績」を正しく評価し「能力」「実績」に基づいた公正かつ適正な人事管理制度を構築することも検討する。

福岡県宗像市 （宗像市東郷1丁目1-1　電話0940-36-1121　http://www.city.munakata.fukuoka.jp/）

□宗像市は2003（平成15）年4月に玄海町と、2005（平成17）年3月に大島村と合併し、新しい宗像市としてスタートしました。福岡市と北九州市両政令市の中間に位置し、住宅都市であり、また豊かな自然や歴史文化遺産に恵まれたまちです。□［市長］原田慎太郎（156ページ参照）［人口］9万4874人（平成17年10月末日）［面積］119・64平方キロメートル［職員数］493人（一般行政職）［財政］平成17年度普通会計予算　313億2000万円／財政力指数　0・592／経常収支比率　88・2（平成16年度決算）□

宗像市では、2004（平成16）年12月に行財政改革大綱を策定いたしました。この大綱に基づいてアクションプランを作成し、改革に取り組んでいます。アクションプランは、各部署が原案を作成し、行財政改革について諮問した「行財政改革推進委員会」や議会の「行財政改革調査特別委員会」で議論され、実効性の高いプランとなっています。プラン数は288件で、2005（平成17）年度からの5年間の効果目標額は約51億円です。現時点では効果額が算定できないものもあり、最終的にはこれを上回る効果を見込んでいます。また、年度ごとに実施結果を評価し、プランの見直しを行いながら、より効果的に実施していくこととしています。

今回の行財政改革のなかで、特徴的なところは、補助金等（負担金・交付金を含む）の見直しにあたりまして、すべての補助金等を個別に検証し、独自の判定シートを用いて客観的な審査判定を行ったことです。この「補助金等判定シート」を用いた審査判定は、他の地方公共団体でも例がなく、まさに「むなかた方式」と言えるものになりました。

このシートにより、すべての補助金137件と、負担金のうち任意的加入で、予算・決算、事業内容に問題があると思われるもの24件の、合わせて161件につき審査判定を行いました。その結果、縮減すべきと判定しました補助金等は42件、これについては、一律20パーセントの削減をすることにしました。また、廃止すべきと判定しました補助金等は37件で、両者の削減額を合わせますと、約1億4千万円という判定結果（削減目標額）が出ました。

この判定結果については、2005、2006（平成17、18）年度の2か年で削減・廃止することとしております。補助金については、市民に痛みを負担していただくものであるため、削減や廃止を進めるにあたりましては、市の財政状況、行革の必要性、補助金の状況、削減による効果などを交付団体等に対し、十分に説明を行い、できるだけ理解をしていただきながら実施しています。

こういった取り組みによりまして、初年度の2005（平成17）年度には、目標額の46パーセントにあたる6500万円の削減を予算に反映させています。さらに、2006（平成18）年度におきましては、5000万円の削減の目途が立っており、合わせますと1億1500万円となります。これは目標額の82パーセントにあたります。

今回、補助金等を見直すにあたりましては、「宗像市行財政改革推進委員会」において、「補助金等見直し部会」を設置し、同部会により出されました意見をまとめたものが見直しシートとなりました。さらに、部会によって一つ一つの補助金等について検証がなされ、提言がまとめられました。補助金等の削減が高い達成率となった要因は、この部会の働きによるものと言えます。

改革を進める上で、行政外部の力は非常に有効であり、この外部の力をPLANとCHECKにうまく作用させることが、改革成功の一つのポイントではないでしょうか。

佐賀県多久市

（多久市北多久町大字小侍7-1　電話0952-75-2111　http://www.city.taku.lg.jp/）

□多久市は1954（昭和29）年に市制施行し、本年で51周年を迎えました。佐賀県のほぼ中央に位置し、四方を緑豊かな山に囲まれた盆地にあり、儒学の祖である孔子を祀った「多久聖廟」（国の重要文化財）を擁する文教の里です。□［市長］横尾俊彦（160ページ参照）［人口］2万3343人（平成17年3月31日）［面積］96・93平方キロメートル［職員数］209人（一般行政職　平成17年4月1日）［財政］平成17年度普通会計予算　96億2900万円／財政力指数　0・391／経常収支比率　95・2（平成16年度決算）□

多久市は、合併直後の昭和30年代に再建団体経験の反省から、基金を活用して財政を運営するユニーク対応を行いました。その経験が生き、今日でも手堅い財政運営を推進しています。1986（昭和61）年2月には多久市行財政改善推進に関する基本計画を策定し、行政改革には早い時期から取り組んできました。直近の第6次行革の計画は前倒しで完了させ、現在は第7次行政改革大綱の策定作業中です。

これまでの行政改革の事例について以下にいくつか紹介します。

横尾市長就任から職員数抑制と削減を行っています。さらに2003（平成15）年4月策定の第6次行政改革大綱では、定員管理の適正化を狙って退職者不補充をさらに推進し、2002（平成14）年度末の職員数337人を2008（平成20）年4月1日には298人に削減することを目標とし、希望退職も募って早期達成を目指しています。その際に、従来型組織では急激な職員減少により業務に支障をきたす可能性も懸念されるため、抜本的な組織機構見直しを実施しました。スリムで機能的な行政組織を目指し、3つの部から成る部制を導入し、それまでの課長職22人を、部課長で20人とする課の統廃合、役職削減を行いました。

各部内の総合調整や市長特命の施策企画を担う経営統括室を部長直轄として設け、迅速な対応が可能な組織としました。また各課の出納業務を統括室に集約させ、各課の人員削減を進め、さらに「収入役を置かない条例」制定し、収入役を廃止しました。

このような取り組みにより、人件費抑制に努め、現在の職員数は308人で、2002（平成14）年度末から29人削減（削減率8・6パーセント）を実現しています。現在準備中の第7次行政改革大綱においても引きつづき退職者不補充などにより、人件費削減を検討中です。

「行政もサービス産業」という市長の視点から、ISO9001認定取得を九州初で達成し、その後は返上して独自の多久版マニュアルを作成し、業務改善に努めています。

情報の公開と共有は行政の要であるとの認識から、難解用語を使わず、読み仮名付きで、中学生でも活用できる「情報公開共有条例」を策定し、透明な政治を推進中です。

ＩＴ導入による電子自治体推進と、それによる行政サービスの向上を図りながら、ＣＩＯ補佐導入事業も実施して、セキュリティー向上と業務改善を推進中です。

民営化関連では昨年夏に清掃センターのゴミ収集業務を民間委託し、今年春から市役所庁舎の受付業務も民間委託化し、さらに今秋には市立養護老人ホームも民間委託します。中央公民館長や学校業務員も民間からの公募で採用充当しました。

大分県臼杵市

（臼杵市大字臼杵72－1　電話０９７２－６３－１１１１　http://www.city.usuki.oita.jp/）

□臼杵市は、１９５０（昭和25）年市制施行し、本年1月1日臼杵市・野津町の新設合併により新臼杵市が誕生し、現在にいたっています。うるおい豊かな豊後水道と美しい田園空間に囲まれ、国宝臼杵石仏や古い町並等の文化遺産、さらに作家野上弥生子をはじめとした多くの偉大な先人を輩出し、歴史と文化を築いてきた資源豊かなまちです。□［市長］後藤國利（１６４ページ参照）［人口］４万３４７９人（平成17年11月1日）［面積］２９１・０６平方キロメートル［職員数］４５７人（平成17年11月22日）［財政］平成17年度普通会計予算　１５６億９１８７万円／財政力指数　０・４０５（平成15・16・17年平均）／経常収支比率　９９・６（平成16年度決算）□

「うすき竹宵」事業に見る行財政改革の取り組み

「うすき竹宵」は、臼杵市中心市街地の歴史的町並みを中心に竹ぼんぼりと竹のオブジェによって演出されるお祭りで、昨年度は、2日間で9万5千人、今年度も悪天候にもかかわらず7万人の観光客を集める臼杵市の秋を代表するイベントに成長しています。このイベントの運営について行財政改革の視点から取り組みを述べたいと思います。

「うすき竹宵」は、中心市街地の活性化を目的に1997（平成9）年度より始められ、年々規模の拡大が図られてまいりました。当初は、民間と市役所の若手グループの協力による小さなイベントとして始まりましたが、2回目からはまちを活性化しようとする市民意識の高まりからイベントへの参加団体が増加し、規模も次第に大きくなりました。

このイベントは、当初から現在まで「竹光芸まつり実行委員会（第4回より臼杵竹宵実行委員会と改名）」という民間組織が中心となって運営されており、臼杵市は、組織の立ちあげから育成、イベントの運営について原則として補助金を交付することにより、支援をおこなってまいりました［ただし、電源地域産業育成支援補助金事業で実施した1999（平成11）年度から2002（平成14）年度は、その補助制度の制限から各費目について市の予算に計上して事業を実施］。

その間、運営に係る経費も次第に増加することになりましたが、とくに、3年目［1999（平成11）年度］から4年間は、旧通産省の電源地域産業育成支援補助金を受け、1千万円を超える多額の予算を組み、地域にある産業や資源を地元の創意・工夫によって有効に活用しながら地域産業の発掘・育成を図っていくという目的のもと、大規模な事業展開を図りました。

各年度の事業規模（総事業費）については、以下のとおりです。

□1997（平成9）年度□200万円（内臼杵市80万円、大分県80万円、実行委員会40万円）
□1998（平成10）年度□202万3千円（内臼杵市60万円、地域振興財団100万円、実行委員会42万3千円）
□1999（平成11）年度□1411万4千円（内臼杵市353万円、旧九州通産局1058万4千円）
□2000（平成12）年度□1259万3千円（内臼杵市315万円、旧九州通産局944万3千円）
□2001（平成13）年度□1259万9千円（内臼杵市315万1千円、旧九州通産局944万8千円）
□2002（平成14）年度□1050万9千円（内臼杵市262万7千円、旧九州通産局788万2千円）

□2003（平成15）年度□811万7千円（内臼杵市270万円、協賛金478万9千円、事業収入ほか62万8千円）
□2004（平成16）年度□621万3千円（内臼杵市200万円、協賛金278万3千円、事業収入ほか143万円）
□2005（平成17）年度□精算中

しかし、ご覧のように、2003（平成15）年度以降は電源地域産業育成支援補助金が打ち切られましたので、事業費全体の抜本的な見直しを行い、市の支援が大幅に減少してもイベントが維持できる体制づくりを行いました。年々盛大になるオブジェづくりに備えるため、市民ボランティアに加え県内外の学生ボランティアを募り、一方で会場設営費や広報費の削減、シャトルバスの有料化、協賛金の募集等をおこない、臼杵市単独の財源増を抑えようと試みました。

その結果、市費の負担増を抑制しながら「うすき竹宵」というイベントを維持、拡大することができましたが、その要因としては、市民の「まちを活性化したい」という熱い願いから暗中模索のなか、次第にイベントを成功させ、次第に自信が生まれてきたこと。そして、自信がリーダーを育て、創意・工夫により、さらに成功体験を重ねることができたということに尽きると思います。しかし、このイベントに関わった市職員が、少ない予算で、最大の効果を発揮するために総意や工夫を重ねるための意識をつねに持ちつづけたことも予算を節約できた要因の一つと言えると思います。経済効果が1億円に達するイベントを開催しながら、その経費を節約することができ、しかも成果も年々大きくなっていることから今後も意識改革を職員から市民の間に広げ、さらに充実したイベントをめざしたいと思います。

主な意識改革の事例

現在の臼杵市長である後藤市長が、市長就任以来、さまざまな行財政改革を行ってまいりました。まず、「市役所が変われば、臼杵は変わる」と訴え、「日本一の市役所づくり」に取り組みました。「日本一」の言葉の意味は、「他人の真似をしないで、自ら考えて、自ら実践して、答えを出そう」ということですが、つまり、それは市職員の意識を高めることであった訳です。以下では、臼杵市が1997（平成9）年度より取り組んでいます意識改革のおもなものについて述べます。

□**「ブレイクスルー思考」の導入**□これは、なにか物事を考える時に行き詰ることがあると思いますが、それを打ち破るための思考方法であります。これまで新しい行政施策に取り組むにあたっては他市の例、動向を調査するのが主流でありましたが、これには限界があり、壁に当たってしまうことが多々ありました。例えば、総合計画をつくるにあたってもコンサル任せの金太郎飴の計画、役にたたない計画をつくることがありました。（1）問題解決の目的を知った上でしか　解決策は得られない。（2）人間に強い動機付けを与え、現状に改革をもたらす。（3）目的は何、そしてその目的は何……と目的展開をしていくことによりやるべきことがはっきりしてくる。（4）「あるべき姿」を想定する。そしてそれに向かってやるべきことを考えていく。以上の「ブレイクスルー思考」を取り入れることにより、総合計画等の策定においてはコンサルタントに頼らずに、職員自らが市民や関係者を巻き込みながらユニークな計画をつくっています。

□**トイレ研修について**□「心を磨く」運動として部、課長に清掃するトイレを割り当て、自主的に清掃活動を行っています。また、職員研修のなかで、新人や中堅職員研修としても実施しています。この研修の目的は、「常識」の克服です。トイレは臭いもの、掃除やお茶汲みは女性の仕事、課長は、実務をしないで指示するだけ、予算は使い切らなければならないもの等、古い常識を引きずっています。この研修の成果として、時代や環境の変化に対応して改める習慣を身に付けることができるようになり、明るい挨拶、笑顔の応対にも気を配るようになりました。

□**「予算は余産」運動について**□予算は完全消化するものという常識からの脱却をめざし、不必要な出張や予算消化のための余分な事務費執行を戒めました。この結果、コスト意識を全職員が持つようになり、財政指標に対する関心も高まりました。

□**バランスシートの作成について**□財政危機を克服するため、危機的状況の把握と危機意識を市民・職員が共有する必要から始めました。引きつづき、行政コスト計算書であるサービス形成勘定、事務事業評価システムに繋がる一連の行政サービス改善スパイラルシステムが完成し、予算編成や長期的な計画策定、議会への財政状況説明、市民のみなさんへお知らせ等で活用しておりますが、そのほか財政状況をイメージとして捉えるのにも大いに役立っております。

□「フロム市長の効用」について□その時々の行政課題や政治方針を市長自らが文書で掲示し、全職員に配布することにより首長の考え方を全職員が共有することができ、事務事業の執行にぶれが少なくなりました。1996(平成8)年度より2004(平成16)年12月28日までに667号を配布しております。現在も、「幸夢員通信」と名を変え、月に4、5号程度配布しております。

鹿児島県日置市

(日置市伊集院町郡1丁目100　電話099−273−2111　http://www.city.hioki.kagoshima.jp/)

□日置市は、2005(平成17)年5月1日に旧東市来町、伊集院町、日吉町および吹上町の4町が合併し新たに「日置市」として発足いたしました。県都鹿児島市の西隣に位置し、西は日本3大砂丘の一つ、白砂青松の吹上浜と東シナ海に面しています。□日置市は、妙円寺詣りや流鏑馬、せっぺとべに代表される歴史的な伝統と薩摩焼や優れた泉質を誇る温泉など、古の情緒と安らぎに満ちた貴重な資源を数多く有しています。□これらの資源を活用しながら「地理的特性と歴史や自然との調和を生かしたふれあいあふれる健やかな都市づくり」を目指しています。□〔市長〕宮路高光(169ページ参照)〔人口〕5万3391人〔面積〕253・02平方キロメートル〔職員数〕242人(一般行政職)〔財政〕平成17年度普通会計予算　244億1319万円/財政力指数　0・325(平成14年度単年度分の4町単純計算による)/経常収支比率　平成16年度日置市決算なし□

2005(平成17)年5月1日(4町による対等合併)合併したところであり、行政改革推進委員会委員15名中3名を市民から公募し現在、委員選考中。2006(平成18)年3月をめどに「日置市行政改革大綱」を策定予定。

合併と同時に取り組んだこと（おもなもの）

1　合併に伴う議員任期延長の特例措置を未実施（議員定数76人→30人）。
2　収入役の廃止と2人助役制の導入（市長マニュフェスト）
3　特殊勤務手当の廃止（税務手当等）
4　出張旅費の見直し（県内旅費日当を廃止）
5　費用弁償の見直し（距離加算の廃止）
6　納税組合等に対する完納報償金の廃止
7　全期前納報奨金の廃止
8　指定金融機関を統一
9　職員の削減（市長マニュフェストにより5年間で80人の削減を掲げる）
　→2004（平成16）年度末18人の退職者の不補充。

職員の意識改革に関する取り組み事例

「業務に役立つ研修を自ら学ぶ」ことで各人が自主的に能力開発に取り組めるよう2005（平成17）年度から選択制（チャレンジ研修）を中心とした研修制度としたほか、5月に旧町時代の職員の汚職事件が発覚し、市内外から厳しい批判を受けた。

事件の再発防止と職員の綱紀粛正や市民への信頼回復を図るため公務員倫理の徹底、職員の意識改革の向上が急務であり、そのための研修等に市職員一丸となって全力を注いでいる。

そのほかの「改革の灯を消すな市長の会」会員市

埼玉県幸手市（幸手市東4－6－8　電話0480－43－1111　http://www.city.satte.saitama.jp/）

庁舎にて執務中の町田市長

□幸手市は、1986（昭和61）年に市制施行し、2006（平成18）年度には施行20周年を迎えます。埼玉県の北東部に位置し、北は茨城県五霞町、東は千葉県野田市に接する位置にあり、古くは江戸時代、船運が隆盛を極めたほか、日光道中と御成街道が合流し、さらに筑波道が分岐する宿場町として栄えました。また、幸手市といえば、権現堂堤の桜といわれるほど全国的に有名なこの桜堤は、春になると、1キロにわたる千本の桜のトンネルと堤周辺に咲く菜の花により、たくさんの人で賑わいます。□［市長］町田英夫［人口］5万4251人［面積］33·95平方キロメートル［職員数］274人（一般行政職）［財政］平成17年度普通会計予算　144億4000万／財政力指数　0·714／経常収支比率　92·8（平成16年度決算）□市長プロフィール□1942（昭和17）年埼玉県幸手町生まれ。埼玉県立杉戸農業高等学校卒業。日立製作所入社。1971（昭和46）年から久喜市役所勤務。用地課長、農政課長、久喜・宮代衛生組合事務局長、水道部長。2002（平成14）年久喜市役所を退職後、久喜市シルバー人材センター事務局長。2003（平成15）年幸手市長就任（1期目）□

京都府向日市

（向日市寺戸町中野20　電話075−931−1111　http://www.city.muko.kyoto.jp/）

友好交流都市　中国杭州市の小学校訪問

□向日市は、京都府の南西部にあって、西はなだらかな竹林がつづく緑豊かな西山連峰をのぞみ、東は千古の歴史を秘めて流れる清流、桂川のほとりに位置します。その昔、平安京以前の都、長岡京造営の中心地であり、歴史と伝統に培われてきた落ち着きと風格をもち、京都府南部、乙訓地域の政治・経済・文化の中枢的役割を占めてきました。そして、１９７２（昭和47）年10月１日に市制施行しました。□［市長］久嶋　務［人口］５万４８２６人（平成17年10月1日）［面積］７・６７平方キロメートル［職員数］２２５人（一般行政職　平成17年10月１日）［財政］・平成17年度普通会計予算　１４１億８９００万円／財政力指数　０・６３２（平成16年度決算）／経常収支比率　９５・８（平成16年度決算）

□市長プロフィール□１９５６（昭和31）年生まれ。兵庫県立姫路工業大学卒業。１９９５（平成７）年から向日市議会議員を２期。２００３（平成15）年から向日市長。市民と行政との情報の「共有」のもと、その情報をもとに市民と「共鳴」し、そして、共に生きる「共生」のまちづくりを推し進めています□

愛媛県八幡浜市

（八幡浜市北浜1丁目1―1　電話0894―22―3111　http://www.city.yawatahama.ehime.jp/）

みかん大好き！　市長と園児のみかん摘み

□八幡浜市は2005（平成17）年3月28日、旧八幡浜市と旧保内町が合併し誕生しました。四国の最西端佐田岬半島の基部に位置し、四国の西の玄関口として、豊後水道を挟んで大分県に対しています。明治以降宇和海沿岸の海運の要衝として栄え、現在では、「さかな」と「みかん」を核としたまちづくりを進めています。

□［市長］高橋英吾［人口］4万2433人（平成17年3月28日合併時）［面積］132・96平方キロメートル［職員数］333人（一般行政職）［財政］平成17年度普通会計予算　173億4558万円／財政力指数　0・340（平成16年度決算額　3年平均　0・333）／経常収支比率　89・4（平成16年度決算額）

□市長プロフィール□1940（昭和15）年9月4日愛媛県八幡浜市生まれ。日本大学法学部卒業。日本航空㈱入社。1974（昭和49）年8月同社を退社し、1975（昭和50）年4月から1990（平成2）年1月まで愛媛県議会議員を4期。1999（平成11）年5月から旧八幡浜市長を2期。合併に伴い、2005（平成17）年4月初代八幡浜市長に就任□

愛知県津島市

（津島市立込町2－21　電話0567－24－1111　http://www.city.tsushima.lg.jp/）

□津島市は、1947（昭和22）年3月に市制を施行し、1955（昭和30）年1月に神守村を、翌年4月には、永和村の一部（神島田地区）を合併し、現在に至っています。愛知県の西部、濃尾平野の西南部に位置し、山岳丘陵がなく平坦地で、市域のほとんどが海抜0メートル以下の低地です。日本3大川まつりのひとつに数えられる「尾張津島天王祭」や国の重要文化財である「堀田家住宅」を始めとする多くの文化財や古い町並みなど歴史的、文化的遺産があります。□［市長］三輪　優（105ページ参照）［人口］6万6586人（平成17年4月1日）［面積］25・08平方キロメートル［職員数］381人（一般行政職　平成17年4月1日）［財政］平成17年度普通会計予算　177億1112万6千円／財政力指数　0・775／経常収支比率　85・9（平成16年度決算）□

山口県下関市

（下関市南部町1－1　電話0832－31－1111　http://www.city.shimonoseki.yamaguchi.jp/）

□下関市は、2005（平成17）年2月13日、旧下関市と旧豊浦郡4町が合併し、面積716平方キロ・人口30万人の新しい「下関市」として誕生しました。本州の西の端に位置し、本州と九州、また大陸とを結ぶ交通の要衝にあり、歴史の大きな転換期の舞台にもたびたび登場しています。水産都市・下関ならではの味覚「フク・ウニ・クジラ・アンコウ」などと共に、豊富な観光資源や良質な温泉を活かし、宿泊滞在型観光都市を目指しています。□［市長］江島　潔（131ページ参照）［人口］29万5972人（平成17年11月1日）［面積］715・89平方キロメートル［職員数］3491人［財政］平成17年度普通会計予算　1141億9300万円／財政力指数　0・557／経常収支比率　90・1（平成16年度決算）□

愛媛県宇和島市 （宇和島市曙町1　電話0895−24−1111　http://www.city.uwajima.ehime.jp/）

□宇和島市は、1921（大正10）年8月1日に市政施行後、本年8月1日に隣接する3町と対等合併を行い、名称は宇和島市のままですが、新市施行となりました。□四国西南部に位置し、みかん、そして美しい宇和海を活用した真珠、鯛・ハマチなどの魚類養殖業の盛んなまちです。□［市長］石橋寛久（148ページ参照）［人口］9万2466人（平成17年11月1日）［面積］469・48平方キロメートル［職員数］714人（一般行政職）［財政］平成17年度普通会計予算　332億1687万円／財政力指数　0・355／経常収支比率　92・8（平成16年度決算）□

□北海道網走市□ （網走市南6条東4丁目　電話0152−44−6111　http://www.city.abashiri.hokkaido.jp/）

［市長］大場　脩［人口］4万0663人［面積］470・92平方キロメートル

□北海道北見市□ （北見市北5条東2丁目　電話0157−23−7111　http://www.city.kitami.lg.jp/）

［市長］神田孝次［人口］11万0329人［面積］421・08平方キロメートル

□青森県むつ市□ （むつ市金谷1丁目1−1　電話0175−22−1111　http://www.city.mutsu.aomori.jp/）

［市長］杉山　肅［人口］6万7342人［面積］863・78平方キロメートル

□秋田県秋田市□ （秋田市山王1丁目1−1　電話018−863−2222　http://www.city.akita.akita.jp/）

［市長］佐竹敬久［人口］33万4367人［面積］905・67平方キロメートル

□秋田県横手市□（横手市前郷字下三枚橋269　電話0182－35－2111　http://www.city.yokote.lg.jp/）
［市長］五十嵐忠悦［人口］10万6495人［面積］693・59平方キロメートル［2005（平成17）年10月1日合併］

□埼玉県三郷市□（三郷市花和田648－1　電話048－953－1111　http://www.city.misato.saitama.jp/）
［市長］美田長彦［人口］12万9679人［面積］30・41平方キロメートル

□埼玉県志木市□（志木市中宗岡1丁目1－1　電話048－473－1111　http://www.city.shiki.lg.jp/）
［市長］長沼　明［人口］6万7000人［面積］9・06平方キロメートル

□千葉県東金市□（東金市東岩崎1－1　電話0475－50－1111　http://www.city.togane.chiba.jp/）
［市長］志賀直温［人口］6万0003人［面積］89・34平方キロメートル

□千葉県八街市□（八街市八街ほ35－29　電話043－443－1111　http://www.city.yachimata.lg.jp/）
［市長］長谷川健一［人口］7万7624人［面積］74・87平方キロメートル

□富山県小矢部市□（小矢部市本町1－1　電話0766－67－1760　http://www.city.oyabe.toyama.jp/）
［市長］大家啓一［人口］3万4181人［面積］134・11平方キロメートル

□兵庫県小野市□（小野市王子町806－1　電話0794－63－1000　http://www.city.ono.hyogo.jp/）
［市長］蓬莱　務［人口］5万0562人［面積］93・84平方キロメートル

□島根県安来市□（安来市安来町878－2　電話0854－23－3000　http://www.city.yasugi.shimane.jp/）
［市長］島田二郎［人口］4万4725人［面積］420・97平方キロメートル

□高知県南国市□（南国市大そね甲2301　電話088－863－2111　http://www.city.nankoku.kochi.jp/）
［市長］浜田　純［人口］5万0401人［面積］125・35平方キロメートル

□福岡県八女市□（八女市大字本町647　電話0943－23－1110　http://www.city.yame.fukuoka.jp/）
［市長］野田国義［人口］3万9129人［面積］39・34平方キロメートル

□大分県日田市□（日田市田島2丁目6－1　電話0973－23－3111　http://www.city.hita.oita.jp/）
［市長］大石昭忠［人口］7万5970人［面積］666・19平方キロメートル

□大分県津久見市□（津久見市宮本町20－15　電話0972－82－4111　http://www.city.tsukumi.oita.jp/）
［市長］吉本幸司［人口］2万2709人［面積］79・48平方キロメートル

第3部　小泉総理への提言書

「三位一体の改革」に対する提言について

平成17年7月14日　改革の灯を消すな市長の会

三位一体の改革は、国と地方の構造改革と銘打つとおり、地方への国の関与を縮小し、財源を伴う権限と責任を大幅に移譲することにより、地方が地域の特性やそこに住む住民の意思により、負担とサービスを自ら考えながらまちづくりを進めるシステムの構築を目指すものである。三位一体改革は実現に向けてスタートしたもののまだ始まったばかりであり、その成否はひとえに自治体の今後の改革にかかっている。今回の三位一体改革は小泉内閣だからこそ出来るものと高く評価するとともに、引き続き強い指導力を発揮され以下の改革を継続されることを提言する。

1　税源移譲について

□2006（平成18）年度までに、所得税から個人住民税へ3兆円の税源移譲を確実に実施すること。

□税源が偏在している状況下での移譲は、財政力の弱い自治体がさらに財政危機に陥ることが予想

郵政民営化法案が大詰めの段階で「改革の灯を消すな市長の会」は、提言とともに小泉首相を激励。後藤会長が「天王山の戦いですね」と言ったのに対し、小泉首相も「うん、そうだ。秀吉と光秀の決戦だ」と答え、爆笑（平成 17 年７月 14 日　首相官邸）

されるため税源偏在の是正と財源保障の維持を図ること。

２　国庫補助負担金改革について

□３兆円規模の税源移譲を実現するため、「政府・与党合意」で先送りされた６０００億円について、早期に具体的な検討を行い、結論を得ること。

□国の財政再建のための単なる地方への負担転化は受け入れられない。国庫補助負担金の改革は、確実に税源移譲に結びつく改革とすること。

□法定受託事務である生活保護・児童扶養手当の国庫負担率の引き下げは、単なる国の地方への負担転嫁にすぎず行うべきでないこと。

3　地方交付税について

□「基本方針2004」及び「政府・与党合意」に基づき、2006（平成18）年度の地方交付税総額を確実に確保するとともに2007（平成19）年度以降の地方交付税についても地方財政運営に支障をきたすことのないよう総額確保の道筋をつけること。

□地方交付税の財源不足の穴埋めについて、地財折衝により加算・借入といったことでなく、原理原則に立ち返り、地方交付税の法定率分の引きあげで対応すること。

□所得税から個人住民税への税源移譲に伴い、地方交付税の原資が減少することとなるため、不足分については地方交付税率の引きあげなどにより総額を確保すること。

□地方財政計画と決算との比較から、地方公共団体の財政需要が、投資から経常に変化している実態を踏まえ、2006（平成18）年度以降についても、投資と経常の同時一体的な規模是正を図ること。

□地方公共団体が中期的な見通しをたてることができるよう単年度の地方財政計画とは別に地方財政の「中期地方財政ビジョン」を示すこと。

□国庫補助負担金の廃止に伴う税源移譲及び地方交付税による財源保障・財源調整が確実に実施されているかどうか、その内容、金額等がチェックできる仕組みを構築すること。

□企業誘致等により地方公共団体の一般財源の増加を図るなど税収確保努力へのインセンティブが

高まるよう、交付税算定上の留保財源率（25パーセント）を引きあげること。

4　その他

□現在進めている2006（平成18）年度までの改革を「第1期」と位置づけ、2007（平成19）年度以降も「第2期」として更なる改革を行うこと。

□自治体の2007年問題は深刻である。団塊の世代の退職は、コミュニティ再建と退職金支払いの両面において自治体財政を大きく圧迫するに違いない。とくに退職金問題は引当金を計上している民間企業においても大きな負担であるが、引当金制度を有しない単年度現金主義会計の自治体運営にあっては深刻である。この事実を考慮して財政制度を整備されたい。

□国は、国庫補助負担金の廃止に伴う事務量の減等を見極め、行政組織・特殊法人等の見直しや国家公務員の定員適正化など行財政改革に真剣に取り組み歳出削減につながる改革を行うとともに、地方に対する国の過剰な関与・規制の撤廃を更に進めること。

□住民に身近な基礎自治体である市町村の役割・機能・財源を拡充するとともに、市町村に対する都道府県の関与を縮小・廃止する方向で行財政改革を行うこと。

□地方公共団体は、徹底的に行政改革を継続し、より効率的な行政運営に努めることとし、その達成度により交付税等で一定の措置を講じること。

□指定管理者制度は、民間活力の有効活用を促すとともに公共サービス提供のあり方を市場メカニズムに基づいた効率的で高品質なものへと変革していく改革である。

しかしながら、現法律では、個々の公の施設の指定管理者が行う管理の基準及び業務の範囲等の必要な事項をまず条例で定めるとともに、さらに、指定管理者を指定しようとするときは、あらかじめ、議会の議決を経なければならないとされ、2度の議会審議が必要となる。指定管理者の指定は行政処分であり、長が責任を持って行う行為であることから議会の議決は不必要であると考える。また、指定に当っては情報公開を行うことにより透明性は確保できる。よって地方自治法第244条の2の第6項の削除をおこなうこと。

以上

「改革の灯を消すな市長の会」では、このほかにも、本会設立のきっかけとなった、「早急なる改革推進を要望するアピール」[2002(平成14)年7月19日提言]、三位一体改革推進の「要請」[2004(平成16)年11月18日提言」等を、総理官邸において小泉総理に手渡し、行財政改革推進のアピールを行っています。

□編集部注□『第1部　改革の灯をかざす市長たち』と『第3部　小泉総理への提言書』は、あきらかな誤字脱字の修正以外は、原文のまま。『第2部　「改革の灯を消すな市長の会」会員市町の取組』は、弊社の「訓読みの漢字——とくに形容詞と副詞は、できるだけひらく」という編集方針にもとづき、編集部で、多少、統一をはかった。数字表記に関しては、すべて統一□

清水弘文堂書房の本の注文方法

□電話注文03・3770・1922/045・431・3566□FAX注文045・431・3566□Eメール注文mail@shimizukobundo.com（いずれも送料300円注文主負担）□電話・FAX・Eメール以外で清水弘文堂書房の本をご注文いただく場合には、もよりの本屋さんにご注文いただくか、本の定価（消費税込み）に送料300円を足した金額を郵便為替（為替口座00260・3・59939　清水弘文堂書房）でお振り込みくだされば、確認後、一週間以内に郵送にてお送りいたします（郵便為替でご注文いただく場合には、振り込み用紙に本の題名必記）□

地域から日本を変える

発　行　二〇〇六年三月三十一日　第一刷
著　者　改革の灯を消すな市長の会
発行者　後藤國利
発行所　改革の灯を消すな市長の会
連絡先　綾部市役所内「改革の灯を消すな市長の会」事務局
郵便番号　六二三-八五〇一
住　所　京都府綾部市若竹町八-一
電話番号　〇七七三-四二-三二八〇
発売者　あん・まくどなるど／礒貝日月
編集・発売　株式会社清水弘文堂書房
郵便番号　一五三-〇〇四四
住　所　東京都目黒区大橋一-三-七　大橋スカイハイツ二〇七
電話番号　〇四五-四三一-三五六六
Eメール　mail@shimizukobundo.com
H　P　http://shimizukobundo.com/
編集室　清水弘文堂書房ITセンター
郵便番号　二二二-〇〇一一
住　所　横浜市港北区菊名三-三-一四　KIKUNA N HOUSE 3F
電話番号　〇四五-四三一-三五六六
F　A　X　〇四五-四三一-三五六六
郵便振替　〇〇二六〇-三-五九九三九
印刷所　東京書籍印刷株式会社
住　所　東京都北区堀船一-二三-三一

□乱丁・落丁本はおとりかえいたします□

 ISBN4-87950-573-0 C0031